JN210014

10歳までに身につけたい

子どもが一生困らない お金のルール

この小さな知恵が、生き抜く力を育てます

キッズ・マネー・スクール代表
三浦康司

青春出版社

はじめに

親なら誰しも「子どもには、お金で苦労しないで幸せになってほしい」、そう願います。にもかかわらず、学校ではお金の教育はほとんどしてくれません。そのため、親世代も十分な知識がありません。自分が自信をもって言えないことは、子どもには教えられないですよね？　ですから、みんな「子どもに、お金のことをどう学ばせよう？」と不安になるんです。

私は、「日本こどもの生き抜く力育成協会」の代表理事として「キッズ・マネー・スクール」を主催し、全国に250名の認定講師「こどものお金先生」を輩出しています。当初は、住宅購入サポート事業の一環として子育て中の夫婦にお金の知識を伝えていました。その評判が口コミでどんどんと広がっていき、セミナー事業を立ち上げるにいたりました。

私はＦＰ（ファイナンシャル・プランナー）でもありますから、「大事なことを、やさしい言葉でとことん楽しく伝えること」をモットーとしています。

子どものおこづかいを年利12％で預かる「パパ銀行」とか、物を売買する仕《し》組《く》みを学べるロールプレイングゲーム「お店やさんごっこ」とか、お金とは何か、お金を使っていかに殖《ふ》やすかなど、遊びながら子どもに学ばせるアイデアをセミナーでどんどん提案してきました。こうしたお話が、「とてもわかりやすい」「お金のことを子どもに教える良いきっかけになった」など、予想以上の好評を博していきました。

本書は子育て世代の親向けに書きました。

子どもに身近なおこづかいのことから、世界のお金や日常生活でよく使うお金、電子マネーなどの見えないお金のことまで、10歳くらいまでに知っておきたい、感覚としてつかんでおきたいお金の話を網羅《もうら》しています。

「子どもにどう教えたら……？」と悩んだときこそ、学びのベストタイミングです。ですから、この本を手に取ったお父さんとお母さんは、今まさにそのチャンスをつかもうとしているんですよ！

お金は幸せになるための〈手段〉であって、〈幸せそのもの〉ではありません。お金のことを考えながら、自分の将来の夢を叶えるためには、そして、なりたい自分になるためには、どうお金と付き合えばいいかということも、親子で考えてもらいたいと思っています。

お金は汚いものでも、怖いものでもありません。おいしい空気や水と同じように、生きていくのに欠かせない大切なものです。

未来ある子どもたちのために、お金とは何か、どう扱い、どう殖やせばいいのか、イチから学んでいきましょう。

２０１９年　初夏

三浦康司

子どもが一生困らない　お金のルール　目次

第1章　親子で考えよう！「お金の基本とおこづかいのルール」

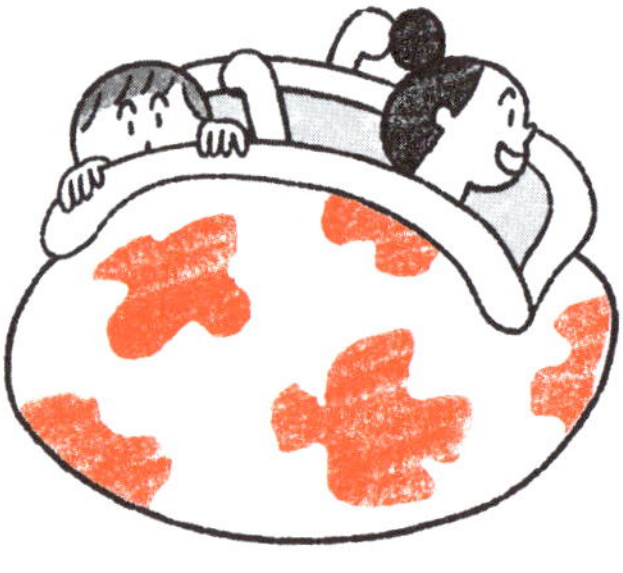

第2章 お金の本当の価値が見えてくる！「商売のしくみ」

第3章　現代っ子に不可欠！「見えないお金」との付き合い方

第4章 広い視点で日本がわかる！「世界のお金」と為替《かわせ》の話

第5章　子どもの未来を豊かにする「子どもライフプランと将来の夢」

DENSHI MONEY

カバー＆本文イラスト＆本文デザイン
ササキサキコ

DTP
センターメディア

編集協力
渡辺のぞみ

企画協力
糸井　浩

校正
鷗来堂

第1章

親子で考えよう！
「お金の基本とおこづかいのルール」

お金の価値を子どもに説明できますか？

さて、あなたは自信をもってお子さんにお金のことを教えていると言えますか？

この質問に迷わず「イエス」と答えられる方には、本書は必要ないと思います。でも、「ちょっと考えた……」という方は、ぜひ本書を読み進めていただければ幸いです。

電子マネーなどがどんどん普及しているこの時代、「得する人」と「損する人」が二極化されていきます。普通預金の金利が０・００１％の銀行に預けているだけでは物価上昇に対応できず、実質お金が減って「損」をしている人たちがいる一方、電子マネーなどのさまざまなポイントや還元《かんげん》制度《せいど》を上手に活用することで銀行以上の「得」をしている人、正しい投資をして「得」をしている人たちもいます。

お金の形の多様化、金利や物価、投資のこと、価値の変化……、知っていれば得できますが、知らずに損している人たちが圧倒的に多いことが残念です。

私たち親世代も年金がまともにもらえない世代です。お年寄りを支える若者の人口が減っていることが原因のひとつなのですが、子どもたちの時代はさらにその数は減り、働く世代の負担も増え、年金はもらえなくなるとも言われています。今の子ども世代が親になる頃には、経済的に苦しい状況になる子どもたちの数はかなり多くなっていると思います。そのような厳しい時代に、お金のことを考えられない子は、どうなってしまうでしょう。

私はわが子にそんな将来を望みません。「幸せになってほしい」、それが願いです。願いの中でも重要なひとつが「お金に困ってほしくない」ということです。

子どもたちが持っている「時間」という最強の武器を使い、小さい頃からお金のことを学んでほしいと思っています。

また、お金は「稼ぐ」「儲《もう》ける」だけではなく、「使い方」も大事なポイントです。大人でも「お金を使う」ことが上手ではない人がいます。お金の使い方をどう教えるか？これもこれからの時代を幸せに生きていくために見逃せないところではないでしょうか。

お金の使い方について親がすべきことは、まずはお金のイメージさせることでしょう。たとえば、おうちの人が一生懸命に働いた大切なお金で自分の欲しかったものをお店の人からいただく。お金を介して欲しいものを手にできることに、親子で感謝の気持ちが共有できます。ここが第一歩。その先は、少額でも小さい頃から楽しく管理をしていくことです。失敗しても口を出さず（失敗は失敗ではなく学びです）、管理する方法と、使う方法をしっかり伝えることです。

日本の子どもたちには、「お金の教養」が圧倒的に不足している

日本の義務教育にお金の授業はありません。アメリカ、香港などは小学校からお金の授業がありますし、シンガポールも金融教育が進んでいます。

つまり、今の日本の子どもたちには、お金を勉強する場がありません。

加えて、親や祖父母世代の価値観が継承《けいしょう》されているせいか、「子どもがお金の話なんてするもんじゃない」と言われることがあります。

「お金を触《さわ》ったら手を洗いなさい。いろんな人が触っていて汚いから」と言われた経験のある方も多いのではないでしょうか？

お金は汚いもの、お金の話は人前ではタブーというような傾向がありますし、〝貯金が美徳〟という価値観も、いまだに根強いですね。

とはいえ、少子高齢化に歯止《はど》めがかからない日本では、今の子どもたちが大人になる頃には、年金や社会保障《しゃかいほしょう》制度はあてにできません。終身雇用《こよう》で給料が右肩上がりの時代もとうに終わり、雇用も不安定です。

お金を蓄《たくわ》えるのはもちろんのこと、お金を管理し、限りある中でやりくりし、ときには殖《ふ》やすノウハウも、生きる力として必要になるでしょう。

加えて、少子高齢化による働き手不足の影響で、今以上に外国人労働者を受け入れていくはずです。世界各国の人たちと共に生きていく中で、お金の教育を十分に受けていない日本人は、負け組になってしまうのではないでしょうか。

日本の子どもたちがこうした厳しい状況の中でサバイブしていくには、お金がまわる世の中のしくみを捉《とら》え、自立のために正しくお金を使える人間になれるかどうか、というところがポイントです。それが、社会で自分の能力を発揮し、いろんな人たちと協調し、互角《ごかく》に渡り合う力にもなります。

本章では、子どもの自立(=自分でしっかり稼ぐ)に欠かせない知識を、お話ししていこうと思います。

お金って、そもそも何だろう？

「お金って、なあに？」と子どもに聞かれたら、なんと答えますか？

①何かを買うのに必要なもの
②生活するのに欠かせないもの
③安心のために蓄《たくわ》えておきたいもの

いろいろ出てくると思います。子どもが一番イメージしやすいのは「①何かを買うのに必要なもの」でしょうね。

子どもは大人がどこでどうやってお金を使うか、じつはよく観察《かんさつ》しています。親がお菓子やおもちゃを買ってくれるのを見ていれば、「お金があれば欲しいものが手に入る」ということは、3歳くらいの小さな子でもわかります。親が思っている以上に、子どもはお金の概念《がいねん》をしっかりつかんでいるんです。

でも、子どもたちが実際のお金に触れて、その存在感をしっかり体得《たいとく》する機会は、どれだけあるでしょうか？

この感覚のまま、大人になってしまうことを想像すると……ちょっと怖いですね。

今は、お金を引き出すのもＡＴＭ（「Automated Teller Machine」の略。「現金自動預払機」）が当たり前になりました。また、「Ｓｕｉｃａ《スイカ》」や、「ＩＣＯＣＡ《イコカ》」などの交通系ＩＣカードを「ピッ！」とすれば、バスや電車にも簡単に乗れます。買い物の支払いもできます。お金の送金も買い物も、スマホやネットでクリックするだけで、あっというまに終わってしまいます。

少し前までは、買い物も切符も現金でしたから、この金額にはこれだけの紙幣《しへい》や硬貨《こうか》を払うと学習する場が、日常生活にたくさんありました。

現金よりも、カードで何でも済ませるシーンばかりを見ている現代の子どもたちは、タッチパネルの操作や「ピッ！」だけで、なんでも――高かろうが安かろうが――買えてしまうと錯覚《さっかく》してしまいます。

お金は「記号」や「数字の羅列」じゃない

今の子どもたちは、生まれた頃から食べ物、洋服、おもちゃに恵まれた、豊かな時代に育っています。「苦労して欲しいものを手に入れる」という経験に乏《とぼ》しいのです。

「壊《こわ》れたらまた新しいのを買えばいいんじゃない？」

「お金足りなくなったら、じじにもらいに行けばいいよ」

「(お年玉の千円札を見て)えー、1万円じゃないの!?」

なんて、平気で言ってしまいます。

子どものこういった発言に違和感や危機感を覚えたら、ぜひ、親子で「お金の価値」について考え、学ぶ機会を持ってほしいと思います。

私は講座でよく、「1000円は重いですか？　軽いですか？」という質問をしています。千円札をイメージした子は「軽い！」と言います。そこで、ビニール袋に一円玉を1000個詰めた袋を見せて、持ってもらいます。文字通り、ずっしり！　ものすごい重さです。片手だと持てない子もいます。これも千円札1枚と同じ「1000円」です。一円玉10

00枚の重さを実感すると、千円札1枚に子どもが抱くイメージも変わってきます。

現代のキャッシュレスの流れを止めることはできないでしょう。子どもがお金のリアルさを実感できる環境が乏しいのなら、親が意識的に教えていくしかありません。でも、それは難しいことではないし、お金を使った楽しい遊びのヒントはたくさんあります。

ぜひ、今日から少しずつ始めてみてください。

重さは違っても価値は同じだよ

この袋から1円玉を1枚抜き取ったら、1000円のおもちゃは買える？答えは「NO！」ですね。そう考えると「1円玉1枚の大切さ」がよくわかります。

お金について知るのは、早ければ早いほうがいい

講座を通して感じるのは、どうしたらお金がもらえるか（稼《かせ》げるか）を知る機会が、日本の子どもたちは遅いということです。14ページでも触れたように、「お金のことを子どもが話すもんじゃない」「お金は汚い」という意識の刷《す》り込《こ》みもあると思います。

でも、〈お金が手に入るしくみ〉を知らないと、なぜ働くのか、世の中にはどういう仕事があって、どのような対価が支払われるのか、というところまで想像力が働きません。

以前講座で、〈いろいろな働き方と給料〉について話しました。そのときに、世の中にはこういう働き方があるよと、左記の①〜⑤を表した図を見せて話したんです。

①会社員のAさん…正社員のサラリーマン。月〜金曜日、朝から夕方まで働く。土日は休み。

②不動産会社で働くBさん…正社員のサラリーマン。家を売ったらその分だけたくさんお給料が入る、給料プラス歩合制《ぶあいせい》で働いている。火・水曜日が休み。

③社長のCさん…自分の給料は儲けがたくさん出たときはたくさんもらえる。でも、儲からないと1円もナシ。
④市役所のDさん…公務員で給料は日本の法律で決まった金額がもらえる。Aさんと同じ時間働くけれど、給料は税金から支払われる。
⑤パートで働くEさん…パートで週1~3回働いている。月給ではなく時間給で支払われる。

お金は仕事の対価として得られるものですが、それと併せて、こういう働き方の選択肢があるということも、子どもに教えるといいと思います。

自分はどんな働き方をしたいか、想像してみよう

ちなみに、「どの働き方がいい？」と子どもたちに尋《たず》ねると、⑤のパート・アルバイトが一番人気なんです。その理由は、「働く時間が少なくて、ラクそう」というイメージがあるようです。また、最近の子どもたちの傾向として、あんまり欲がないというのも理由としてあるかもしれません。

でもそれ以上に、こうした結果になるのは、〈お金が手に入るしくみ〉を学んでないことが実はいちばんの原因ではないかと感じています。

どの仕事にどれくらいの責任と労力があり、その対価としてどういうお金がもらえるかを理解できていないと、安易《あんい》に「ラクなほう」「働く時間の短いほう」を選んでしまいます（パート・アルバイトでも、責任のある重労働を強《し》いられる場合もたくさんありますので、ここではあくまで「たとえば」のお話です）。

ちなみに、日本には今、2万8000種類もの仕事があるそうです。すごい数ですね！ こういった統計資料を見ながら、いろんな仕事をイメージしてみるのもいい勉強になり

どんな仕事にどんな責任があるのか、子どもと一緒に考えてみましょう。お父さん、お母さんの仕事を例に挙げてもいいですね。親の働く姿はいちばん響くはずです。夕ごはんのときや休日、子どもに仕事の話をたくさんしてください。特にやりがいを感じている部分は、どんどん伝えてくださいね。

ますよ。仕事の選択肢《せんたくし》がいかにあるかを知るチャンスです。「お父さん、お母さんの職業はどれに当たるのか？」「◎◎ちゃんがなりたい仕事はどれに分類されるのか？」など、親子で話してみてもいいでしょう。

学校で教えることはもちろん大事ですが、それに加えて、子どもが生活の中で「お金」を意識する経験が必ずセットであることが望ましいです。そうでないと、「お金には限度がある」「親が働くから生活できる」ということにまで想像力が働きません。引きこもり（ニート）の存在、入社してすぐに辞めてしまう若者が後を絶たないのも、「お金」と「自分の暮らし」が実体験としてつながっていないことも原因のひとつではないかと思うのです。

生きることはお金を使うこと。水もティッシュもただじゃない！

子どもが蛇口《じゃぐち》をじゃーじゃー開けっぱなしにしたり、ティッシュペーパーを無駄《むだ》に何枚も抜き取ったりすると、「あー、もったいない！」って思いますよね？　そんなときこそ、「水にもティッシュにもお金がかかっている」ということを教えるチャンスです。……ただし、言い方が感情的にならないように、そこだけ注意してくださいね！

たとえば、『それはエコまちがい？　震災から学んだ、2030年の心豊かな暮らしのかたち』という本には、1人がお風呂で使う水の量などが、わかりやすいイラストで解説されています。こういう本を見ると「うわ、こんなに！」と子どもはびっくりするかもしれません（親もそうですね！）。

あるいは、先月と今月の水道代や電気代を比較検証《けんしょう》してみるのもいいかもしれません。どうしたら節約できるか？　どこに無駄《むだ》があるか？　子どもと一緒に考えてみましょう。そうしたら、ふだん何気なく使っているあらゆるものにも「お金」がかかっていることが、少しずつ実感としてわかってきます。家計のためにも一石二鳥ですね。

こういうことを通して、親子で対話を積み重ねていけば、「お金は湧いてくるものじゃない」「お父さんとお母さんが働いて得た、限りある資源みたいなもの」ということが、少しずつ理解できるようになると思います。

**湯船を1回溜めるのには
約200リットルのお湯が必要**

**シャワーを
1分間出しっぱなしにすると
12リットル！**

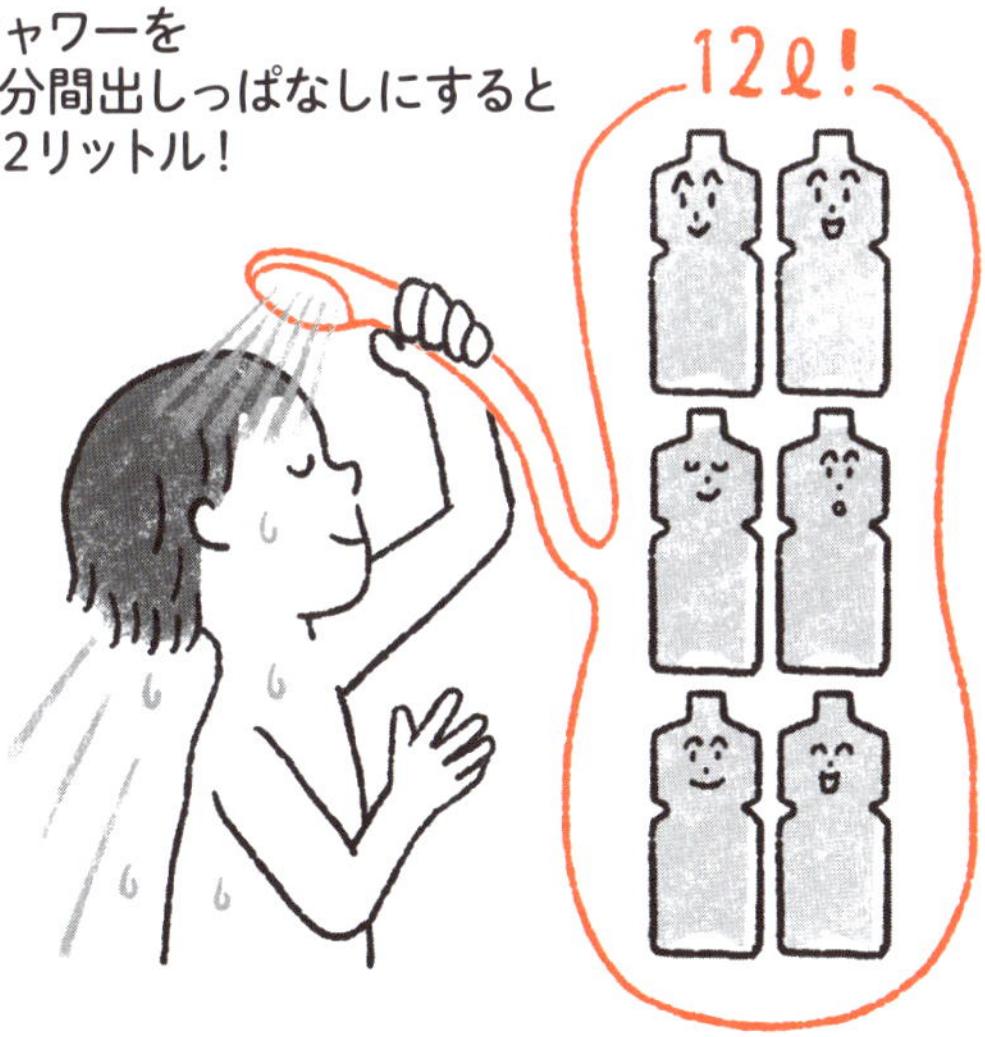

家庭で使用する水の量は、1人当たり1日約220リットル。2リットルのペットボトル110本分なのです。

おこづかいはいつから、どれくらいあげればいいか

お金の概念《がいねん》がわかってきたら、それがおこづかいをあげるタイミングです。たとえば、「あれ、買って！」「これ、欲しいなあ」と言い出したら、もうそれは十分に、お金の概念を感じ取っているサインだと思います。

よく、「子どもが使って失敗するといけないから……」と言う大人がいますが、それは失敗ではなく「学び」なんですね。小さい頃のお金の失敗は、少額ですし傷も浅いので、たかが知れています。失敗をおそれずに、子どもにどんどんお金に触れさせましょう。

よく、「いくらがいいのでしょうか？」と聞かれます。この質問には、私は、親子で話し合って、一緒に決めることを提案しています。これが正しい決め方だと思います。家庭によって、300円だったり、100円だったりいろいろでしょう。でも、それでいいんです。

5歳のお子さんの1か月のおこづかいは、いくらが妥当《だとう》か？　500円？　100円？……その根拠《こんきょ》は何でしょうか？　年齢×100円という方もいらっしゃいますね。でもそこはそれぞれのご家庭の判断でいいと思います。

ある小学2年生のお子さんで、おこづかいが3500円という子がいました。

まだ小学校低学年の子に月3500円のおこづかい。えっ、高い！ と思いますよね。

でも、このお母さんは、習い事の書道の月謝3000円を、おこづかいに含めていたのです。つまり、月謝以外のおこづかいは500円。

これにより、子どもは、書道にどれだけのお金がかかっているかを知ることができます。自分の習い事にどれだけのお金がかかっているかを知ることは、悪いことではありません。それだけ払っているのだから、しっかり勉強しよう、習い事の時間を大事にしようという気持ちにもなります。

だからこそ、親子で話し合って額を決めてほしいと思います。

お金を持つ緊張感を味わうのも大事な経験です！

おこづかい、どういうかたちであげる？

おこづかいのあげ方は、【定額《ていがく》タイプ】【報酬《ほうしゅう》タイプ】【混合タイプ】の３タイプをいつもご提案しています。

①定額タイプ

１か月の定額を決めて渡すタイプです。

定額タイプのメリットは、毎月一定額が決まっているので、お金の管理を学びやすいことです。

定額タイプのデメリットは、話し合って決めた額なので、罰《ばつ》として減額《げんがく》するよ！　という言い訳がきかないことですね。親にも覚悟が必要です。

②報酬タイプ

お手伝いの対価によって金額を決めるというタイプです。お風呂そうじをしたら100円、お皿洗いをしたら100円とか、そういうものです。

報酬タイプのメリットは、お金は仕事の対価だということが実感しやすい点でしょう。デメリットは、「リモコンとって」とちょっと頼み事しただけで、「いくらくれる？」なんて言われかねないこと。親としてはカチンときますよね？　なんでも「お金に換算《かんさん》」するようになったらたまりませんが、そういうデメリットもあるわけです。

ですから、報酬タイプにするときは、「どんなお手伝いにはいくら」ということを、最初の話し合いできちんと決めるようにしましょう。

わが家の場合は、家族として気持ちよく暮らすために当然の仕事に関しては、お金は発生しないというルールを決めました。当時は室内犬を買っていたのですが、餌《えさ》あげとか、トイレシートを替えるとか、そういうことには対価は発生しないようにしたんです。

親がちょっと面倒くさいな、手が回らないな……という家事をリストアップして、そこから子どもにやってもらいたいことを決めていくのもいいかもしれません。

③混合タイプ

「定額タイプ」と「報酬タイプ」をあわせたものです。報酬タイプは、お手伝いのモチベーションが下がってしまうと続かなくなります。ですから、小さいうちは頑張《がんば》ってやっていても、大きくなるにつれて成り立たなくなることがあります。混合タイプは、報酬タイプから定額タイプへ移行していくときに知っておくととても便利です。

ご家庭それぞれにいろんな基準や考え方があると思います。ぜひ、お子さんと話し合ってみてください。そして、一度決めたらしばらく試してみましょう。他の家庭と比較しないでくださいね。「ウチはウチ！　よそはよそ！」で自信をもってやっていいんです！

ちなみに、わが家の場合は、二歳違いの娘が二人いるのですが、「報酬タイプ→混合タイプ→定額タイプ」に、年齢が上がるにつれて移行しました。中学生くらいからは、ある程度まとまった金額が一定量欲しいということで、「定額タイプ」に落ち着きました。少し大人になってきて、何十円という少額に興味がなくなってくると、報酬タイプは続かなくなることが多いですね。

おこづかいの大事な約束

おこづかい契約書

（こども）と、　　　　（親）は

1か月・1週間のおこづかいをつぎのようにすると約束します。

貯金《ちょきん》　　ありがとうのお金　　自分《じぶん》でつかうお金

ぜんぶで　　　　円

おこづかいをもらう日

毎月　　日（または毎週　　曜日）にもらいます。

お手伝いもします！！

1

2

契約書《けいやくしょ》は
大切な
お約束です！

おこづかい額を決めたら、契約書を交わしましょう。お互いに覚悟ができますし、子どももちょっぴり大人の気分になります。各家庭でルールはさまざまですが、「おこづかいを使っていい場所」「買ってはいけないもの」を決めておくのもオススメです。

おこづかいの使い方にもルールを作る

おこづかいの額を決めたら、使い方についても、ぜひ、親子で話し合って決めてください（「おこづかい計画表《けいかくひょう》」35ページ参照）。自分で使うお金の計画を立てるんです。使途《しと》別に、私は3つの分け方をいつもご提案しています（注：毎月分ける額が変わってもOKです）。

貯金《ちょきん》枠　半年〜1年、もしくはそれ以上の期間、頑張って貯める枠

「いつか何か欲しくなったときのために準備しておこうね？」という問いかけで促《うなが》すのがいいと思います。理想は「◎をいつ頃に買いたいから△円貯めたい」と具体的にすることですが、小さい頃はそこまではできないですよね。

今後、少し高価なものを欲しがったときに、買っていいかどうか親としては迷います。そんなときの切り札にも使えるのが、この「貯金枠」です。

「あのゲーム欲しい」と子どもが言い出したとき、貯金が100円だったとします。そし

たら、その貯金を「1か月で200円にしてみたら？　本当に欲しいなら、できるかな？」と提案してみます。

もしくは「2000円まで貯めてみよう！　そこまで貯められたら、残りはお母さんが払ってあげるね」と提案してもいいですね。

貯められたらそれなりの努力をしたということですし、それくらい欲しい想いも強いということ。そういうときに、「よし、ここまでできるのなら買ってあげようか」という指標《しひょう》にもなりますし、コツコツ貯める習慣にもなります。

ありがとう枠

感謝の気持ちや、誰かの役に立つための枠

家族やお友だちの誕生日プレゼント、寄付《きふ》など、人のために使う「感謝」のお金です。

お金は「ありがとう」と交換するものだと、私は子どもたちに伝え続けています。

ありがとう枠は、「寄付枠」とも言っていますね。

コンビニのジュースを買ったとき、コンビニの店員さんは「ありがとうございました」と言います。私たちもジュースが欲しくてお金を使って、ジュースという〝もの〟に交換しているんです。お金が行《い》き交《か》うことで、「ありがとう」という言葉も行き交っています。

それを教えるのに、この「ありがとう枠」はとても役立ちます。

「ありがとう」を言うことで、周囲の人が全員幸せになるわけじゃありません。でも、不幸になる人やイヤな気持ちになる人は、決していません。いい気分になる人のほうが多いです。

お金は「『ありがとう』の対価」で、それはすばらしいものなのだと、子どもたちに伝えていきたいと思っています。ぜひ、「ありがとうのお金」を、おこづかいを通して教えるようにしてください。

自分枠　生活の中で、〝必要に応じて買うもの〟の枠

おもちゃやジュース、おやつ、筆記用具など、自分が欲しいと思って買うものです。学校で使う文房具などは、自分で買うか、おうちの人が払うのか、など家族で決めるといいと思います。

この枠の予算については、おうちの人たちは一切口を出してはいけません。渡した以上は、子どものお金です。

おこづかい計画表

貯金枠

ありがとう枠

自分枠

貯金、ありがとうのお金、自分で買うもの、親子で考えてみよう。

おこづかい帳とお財布について

おこづかい額と使い方を決めたら、おこづかい帳をつけましょう（左ページ参照）。ただ、小学校高学年から中学生くらいなら使いこなせるものの、小学校1、2年生くらいだと、ちょっと難しいんですね。

大人でも家計簿をつけるのが苦手な人はたくさんいますよね？　それと同じです。そんなときは、使った分のレシートだけは必ずもらうようにして、「レシートをノートに貼りつけるだけ」でもいいと思います。

楽しく使うことも学ばせたいのに、お金の管理をあまり厳密《げんみつ》にしすぎると子どもにもストレスですし、親子でケンカになってしまいますから。それでは、本末転倒《ほんまつてんとう》ですよね？

おこづかいを持たせると同時に、「どんなお財布を持たせるか？」も考える機会が必ずあります。最初のお財布は、子どもと一緒に買いに行って、自分で選ばせるのがいいと思います。ちょっと大人な気分にもなりますし、財布を持つだけでワクワクした気分にもなりますから！

月のおこづかい帳

おうちの人とのお約束

今月のおこづかい ＋ 先月ののこり

ごうけい

自分のお金の内訳を毎月理解させる

貯金枠　ありがとう枠　自分枠

「なにに」「いくら」使ったのかを書く

日	ことがら	入ったお金	使ったお金	のこり
ごうけい				

いわゆる財布として売られているものじゃなくても、首から下げられるようなポシェットを財布代わりにしてもOKです。置き忘れや紛失を防ぐために、あえてこういう小物をはじめてのお財布に選んでもいいんですよ。

おこづかいの管理を、どう教えるか

子どものお金をどこにどんなふうにしまえばいいか？　よく受ける質問です。

例①：袋や封筒に入れる。昔の集金袋のような感じです。
例②：100均で売っているアクセサリーボックスみたいなものに入れる。
例③：瓶に入れる。

どんな形でもいいと思います。子どもに管理させてください。たとえ間違ったり、うまくいかないことがあっても、失敗ではなく学びですから、親子で楽しくやることが大事です。

個人的には「例③」のような、透明瓶《とうめいびん》や容器《ようき》を貯金箱にすると、お金が「見える化」できて、おすすめです。

おこづかいの管理例

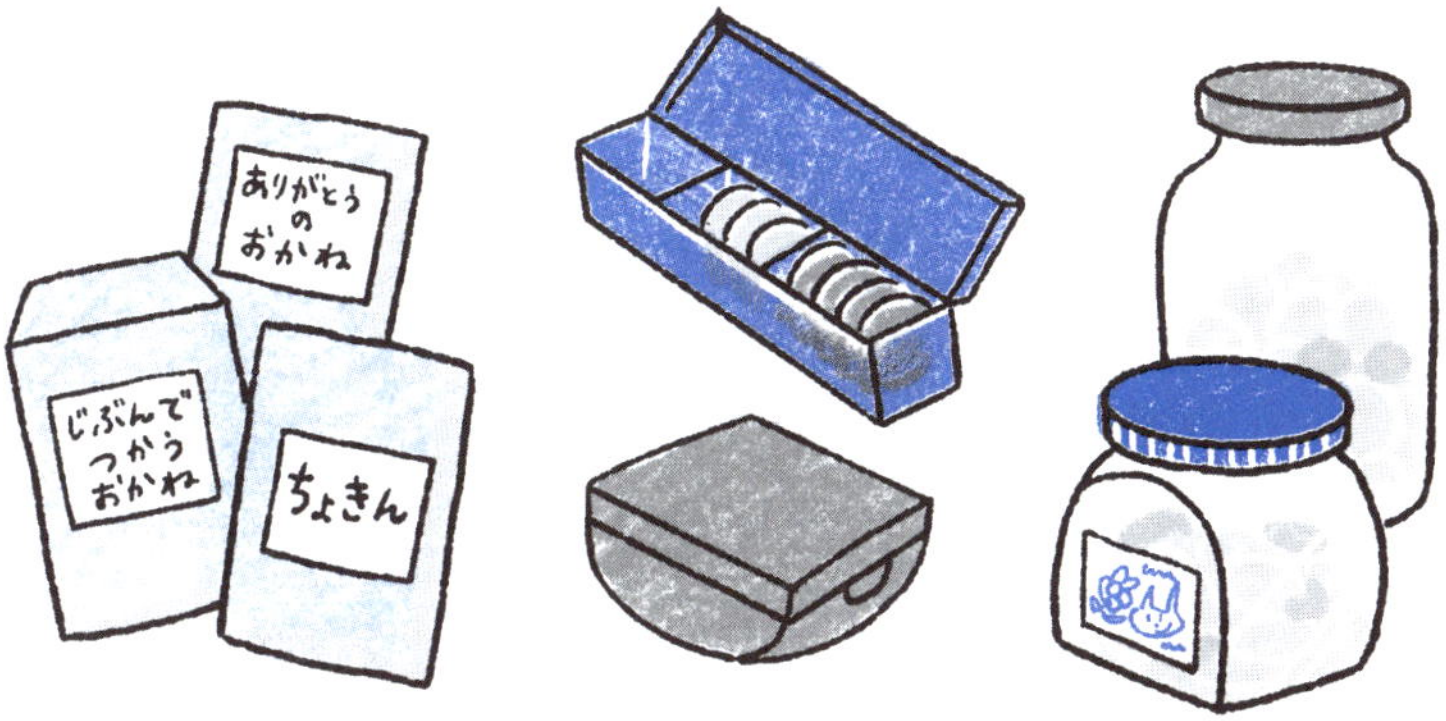

①袋や封筒　②アクセサリーボックス　③透明の瓶

子どもが「コレ！」という方法を自分で選ばせましょう。
ルールを決めると遊びになって、けっこう楽しんでくれますよ。

キッズ・マネー・スクール講師のお子さんのエピソードですが、お菓子を買いすぎて、「自分枠」の中身が明らかに減ってしまったそうなんです。そこで、「ありがとう枠」からちょっとだけ「自分枠」に移動させちゃおうかな……なんてことがあったのだとか。

ただ、本当は誰かのために使うお金を自分のために使うというのは、子どもなりにうしろめたさを感じたようです。使途《しと》を明確にして、貯金箱を見える化することで、お金を扱うときのいろんな感情を学ぶチャンスにもなるのですね。

その子の後日談ですが、ありがとう枠を減らした罪悪感から、翌月のおこづかいでは、自分枠を減らしてありがとう枠に多めに入れたそうです。

おこづかいサミットを定期開催、おこづかい提案書も作成させよう

おこづかいの与え方、管理方法、使い方などのルールを決めたら、定期的に「おこづかいサミット」を開いて、見直す機会をつくるといいですよ。

子どもの成長と共に、欲しいものも必要な額も、変わります。定期的に見直すことで、おこづかいの意義《いぎ》もより深まります。

たとえば、我が家では、おこづかいアップを申し出たときには、「おこづかい提案書」を書いてもらうことにしています。

①いくら増やしたいのか？
②その理由は何か？

それらを明確にした上で、お父さんとお母さんが「いいよ！」と言いたくなるような魅力的な内容にまとめて提出させます。書式は自由。とにかく、親の心を動かすような、説得力のある内容にまとめるのが目的です。

提案書

私は高校に入学すると、友達とのつき合いの範囲が広がります。部活の先輩や友達とファミレスに行く回数も今より3回は増えます。1回700円使うので2100円です。大切なおつき合いです。

おこづかいを今より2100円上げてもらわないと困りますが、おまけして2000円アップの4000円でいいです。よろしくお願いします

次女が実際に作成したおこづかい提案書

高校2年生になった次女の話ですが、部活動で交友関係が広がり、部活後に仲間たちとファミレスに行く機会が増えたそうです。そのタイミングで「おこづかいアップ」を要求してきました。

「おこづかい提案書」の提出を求めたら、

・友だちと月3回、ファミレスに行きます
・1回700円は使うので、2100円くらいあげてもらわないと、友だち付き合いに支障が出ます

と、明確に〈理由〉と〈欲しい額〉を明記し、見映えにも気を遣《つか》ったのでしょう、いつも利用しているファミレスの写真を切り貼りして仕上げてきました。

結果的に、我が家では、次女の要望を、受け入れました。

無駄遣《づか》いも貴重な経験！
一度渡したおこづかいには、口を出さない

子どもがおこづかいをどんなふうに使っているか。やっぱり親なら、ちょっぴり気になりますよね？

でも、一度渡したおこづかいは、もう子どものもの。

「無駄遣いしてないかな？」

「好きなお菓子ばっかり買ってないかな？」

「貯金にも少し回してるかな？」

こんなふうに、詮索《せんさく》したくなる気持ちがどうしても出てきてしまいますが、そこはぐっと、我慢です！

立場を変えて想像力を働かせてみましょう。

もし、自分がもらった給料を、上司が「何に使うんだい？」「そんなことに使うなんて、無駄使いもいいとこだよ！」なんて口を挟《はさ》んできたら、どうでしょう？　イヤな気持ち

になりますよね？　子どもだって同じです。

我が子を信頼して、あれこれ言いたくなるのをグッと我慢です。親にも忍耐力が求められますが、子どもの様子を黙って見守ることも、子どもの成長には欠かせません。ちょっとくらいの無駄遣いや失敗があっても、それもいい経験になります。

貯金は無理強いしてもムリ。何に使いたいかを一緒に考える

目的がないと、努力や頑張りは長続きしません。それは貯金も同じこと。

子どもにお金を貯める習慣をつけさせたいなら、親子で「何を買いたいか」を日頃から話し合っておきましょう。

大人でも「誕生日プレゼント、何が欲しい？」と聞かれて、すぐに答えられないことがありますよね？　それと同じで、「自分が何を欲しいか（必要としているか）」って、意外と自分ではわからないこともあるんです。

なにげない会話の中に、「欲しいもの」のヒントが見つかることもあります。

たとえば、

「お母さん、このスニーカーもうボロボロ～」「靴下、穴があきそう」「下敷き、はじっこがかけちゃった」

なんて子どもが言ったら、すかさず「買い物リスト」にメモしてください。

すぐにでも取り替えないと困るものは、親の生活費から出して即購入《こうにゅう》してもいいですが、

少し時間に余裕がもてるなら、「そしたら、あと1か月くらいお金を貯めて、新しい下敷きを買ったらどう？」とすかさずアドバイスです。

こういう会話を積み重ねていくと、子ども自身が、自分に必要なものがだんだんとわかってきます。おこづかいで好きなお菓子やおもちゃを買うだけが、お金の使い方ではありませんね。気持ちよく勉強や遊びができるように、日用品の準備にお金を使う大切さも、少しずつ学べます。

Column

おこづかいの「ありがとう枠」の活用法

〜身銭を切った贈り物で、相手の心を動かす体験をさせる

「ありがとう枠」の活用方法で、ひとつだけ、おすすめしたいことがあります。

それは、たとえば、おじいちゃんやおばあちゃんがいるのなら、ぜひ誕生日プレゼントなどに使ってもらいたいということ。

もし孫が自分のおこづかいからプレゼントを選んでくれたら、おじいちゃん、おばあちゃんの感激もひとしおでしょう。「ありがとう」の言葉の意味も、想いも、深くなりますね。

また、募金に使ってもいいでしょう。親のお金ではなく、身銭を切って入れたお金だからこそ、「ありがとう」と言われたときの嬉しさも深まります。

お金を使って「ありがとう」と言われる経験は子どもたちにとって財産です。

ぜひ、こうした経験をさせてあげてくださいね。

誰かのために「自分が何かした(アクション を起こした)」ということが、自分の存在価値を高めてくれます。自尊感情も芽生えます。

第2章

お金の本当の価値が見えてくる！
「商売のしくみ」

うさぎとかめの
パン屋さん、売れる店ってどんな店？
ぼくのパン屋さんは今日オープン！さあ、おいしいパンを焼くぞ～！
かめくんまだこねてるの？ぼくは昨日焼いたからあとは並べるだけだよ
はやいナァ～
KAME BAKERY
わーぼくも早く準備しなきゃ！
ぼくは何でも早くできるからさ！さっさと並べてあとはのんびりするんだ～きっとあっという間に売れちゃうよ
ポイ
ポイ
フゥ～
ようやく焼きあがった！うん、なかなかおいしそうだぞ……！

●かめのパン屋さんはどうして全部売れたと思う？

●もうけって何？

お金のながれを一緒に考えてみよう

「お金の流れ」を理解することは、自分の力で稼ぐための第一歩

未就学児～小学校の低学年くらいのときは、どうやったらお金（給料《きゅうりょう》）が得られるのかわからないのが普通です。そんなとき、私は、お金の流れがわかるように、パン屋さんを例にして、こんなお話をします。

【お金（給料・儲《もう》け）のしくみ】

１個１００円のパンが10個売れました。売上《うりあげ》は１０００円ですね。

でも、パンを作って売るためには、いろんなお金（経費《けいひ》）がかかります。店の家賃《やちん》、水道代、ガス代、材料費……１個作るのに40円の経費がかかるとしたら、10個なら４００円の経費がかかります。パンを売る店員さんにもお金（給料）を払わないといけないですね。１人２５０円だとすると、２人店員さんがいたら、５００円かかります。

売上〈１０００円〉─給料〈５００円〉─経費〈４００円〉＝１００円

パンが10個売れて、実際手に入れられるお金（儲け）は「１００円」なんです。これが、すごく基本的な、「お金の流れ」の例になります。

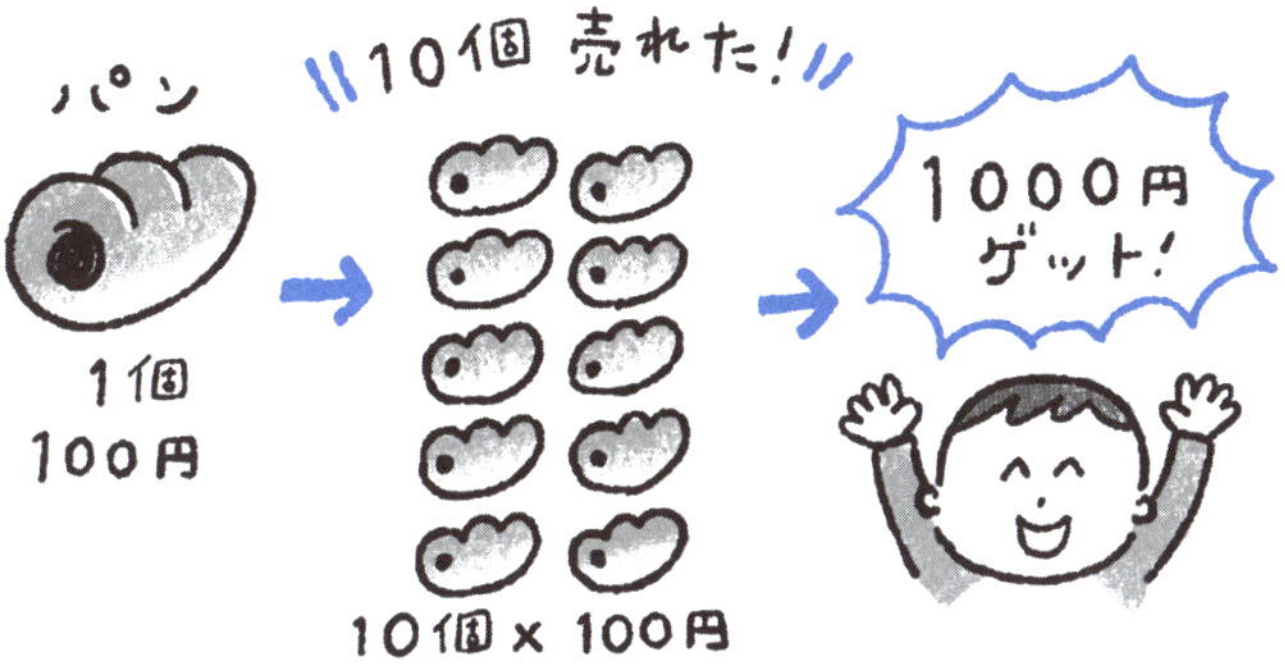

でも実際は…

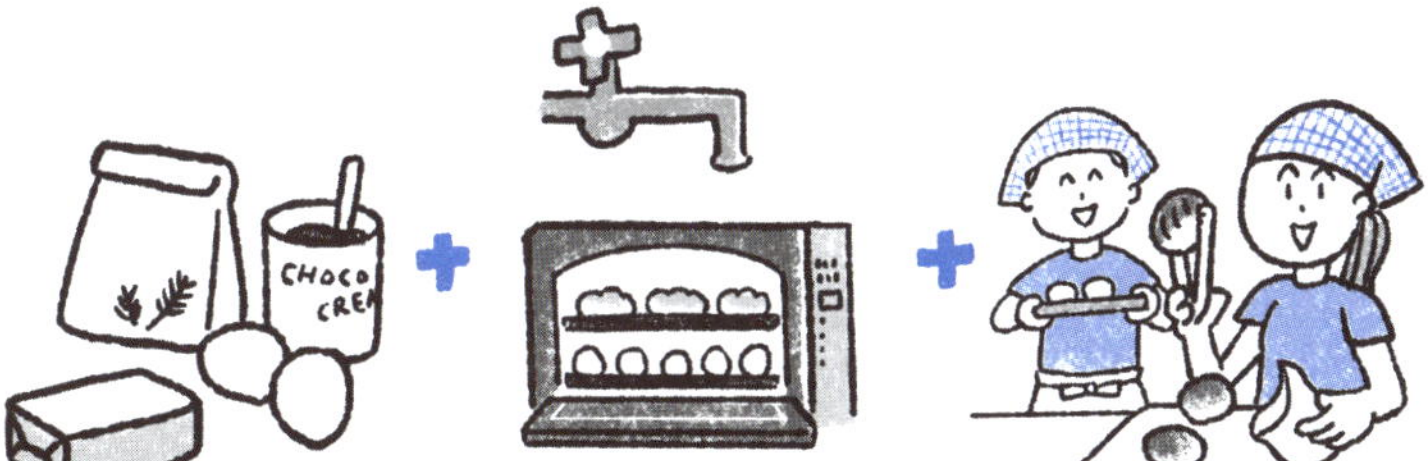

材料費＋光熱費＝400円　　店員さんのお給料500円

儲けはたったの
100円！

儲かる、儲からないって、どういうことだろう？

お金が得られるしくみがわかってきたら、次にどうしたら儲けが出るか出ないかについても考えてみてください。「うさぎとかめのパン屋さん」を例にすると、こんな感じです。

【売れる人気店になったら】

1個100円のパンが20個完売！

パン1個あたりの経費は40円。売る人（店員さん2人）の給料は500円。

売上〈2000円〉―経費〈800円〉―給料〈500円〉＝700円

Qお金が儲かるとどうなる？

いいこと1☆店員（従業員）の給料を増やせる

いいこと2☆店員（従業員）を増やせる

いいこと3☆店をキレイに改修工事できる

お金に換えられない仕事もたくさんあるんだよ。
まわりを注意深く観察して見つけてみよう。

【パンがぜんぜん売れなかったら】

もしパンを10個作って、5個しか売れなかったら？
売上〈500円〉―経費〈400円〉―給料〈500円〉＝400円の赤字

Qお金が儲からないと、どうなる？

困ること1☆店が損をしてしまう
困ること2☆働いてもお金がもらえない・払えない
困ること3☆店員（従業員）の給料を減らさなければいけない

お父さんとお母さんは、ぜひ、このお話を子どもにしてください。

毎月振り込まれる給料や仕事の報酬《ほうしゅう》は、こういう流れの中で生まれているのです。親は毎日、一生懸命仕事をしています。がんばっているのに、もし儲け（対価）が減ったり、ぜんぜん儲けが出なかったら、悲しいですね。

料理、そうじ、洗濯《せんたく》などの家事も大切な仕事です。専業主婦の方も、自分の仕事を堂々と子どもに見せて、どんどんお手伝いさせてください。

売る側の立場で考えると、お金の価値に気づくことができる

いつもコロッケを買うお肉屋さん。誕生日ケーキを注文するお菓子屋さん。鉛筆《えんぴつ》やノートを買う文具屋さん。お金を払うときは、つねに「買う側」の立場です。でも、ちょっと想像力を働かせて、「売る側」の立場（＝お店の人）のことを子どもと一緒に考えてみましょう。

本章の冒頭のマンガや50ページでも触れましたが、お金を儲《もう》けるには、売るための工夫をしたり、材料を用意したり、人を雇《やと》ったり、いろんな経費がかかります。そういった売る側の働きが、「お金」という対価（儲け）につながっているのです。

そこに想像力が働くようになると、小さな子どもでもお金の価値やありがたさが、少しずつ実感《じっかん》としてわかってきます。

「うさぎとかめのパン屋さん」を例に、56～59ページのようなワークを遊びの延長線上《えんちょうせん》でやってみてください。売るためには、どんな工夫が必要か、何が売れるのかを考えるうちに、お金を生み出す仕事の奥深さも、子どもながらに実感できるはずです。

お店の仕事のひとつは、お客さんに「ありがとう」と言ってもらうこと。「ありがとう」と言われるということは、お客さんが買ったものに満足して、喜《よろこ》んでいるということです。

つまり、お金は「ありがとう」と交換して得られるものなのです。

では、どうすれば「ありがとう」と言ってもらえるのでしょうか？

それは、お客さんが望んでいることを具体的に想像し、実行することです。パンがいちばん欲しい時間帯はいつだろう？ どんな味が人気かな？ 内装《ないそう》をかわいくしたらうわさになるかな？ できたては、呼び声で教えよう！ お客さんが喜ぶようにありとあらゆる工夫することです。このことが売上（儲け）につながります。

簡単ではないけれど、一生懸命考えるのは楽しいことです。その努力の対価が「ありがとう」であり、「お金」をもらうこと（儲け）になります。

売る側の立場を想像するだけで仕事の楽しさもわかり、働くことへの憧《あこが》れもうまれるんですよ。

ワークA

「毎日、売り切れ」の店の秘密を探れ！

Q うさぎのパン屋さんは、パンがなかなか売れません。
売るには、何をしたらいい？

A

パンをきれいに並べる

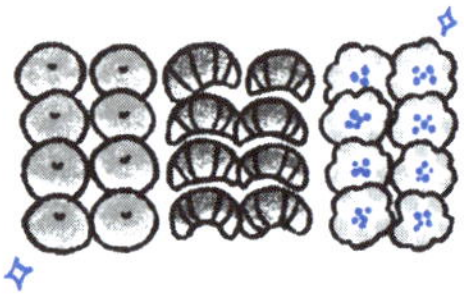

仕事中に居眠りをしない

どのパンがおすすめか
お客さんに伝える

値段を安くする

焼きたてを揃《そろ》えるようにする

お店のまわりをキレイにする

チラシを作成して
店を知ってもらう

答えはいくつでもOK。正解は1つじゃないから、たくさんアイデアを出してみよう。

ワークB

お客さんはどんなパンが欲しいかを探れ！

Q いつも売れるパンと、
売れ残ってしまうパンがあります。その違いは何だろう？
よく売れる「食パン」と、
売れ残りがちの「カレーパン」を例にして
考えてみましょう。

よく売れるパン「食パン」

A 理由は？
- 朝ごはんに食べやすいから
- トッピング次第で、いろんな食べ方ができるから
- 他の店では売っていない、フワフワの食感だから

売れ残りがちのパン「カレーパン」

A 理由は？
- ちょっと辛くて苦手な人が多いから
- もっと安いカレーパンを売る店があるから
- 冷めるとおいしくなくなってしまうから

お客さんの気持ちになって考えてみると、
いろいろな発見があるよ。

ワークC

売れ残りがちの「カレーパン」を少しでも売れるようにするにはどうしたらいい？

Q ワークBの答えをもとに、売れない理由を考えてみましょう。

A

ちょっと辛くて苦手な人が多いから

➡ 辛さをマイルドに調整する

もっと安いカレーパンを売る店があるから

➡ 安い店に対抗して、もっと安いカレーパンを作ってみる

➡ タイムセールの時間をもうけて、その間だけ、値段をライバル店よりも安くする

冷めるとおいしくなくなってしまうから

➡ 焼きたてができる時間をお客さんにチラシで伝える

➡ レンジで温めてから、お客さんにお渡しする

売れないことは残念だけど、裏を返せば、売れるヒントを教えてくれる大事な情報でもあるんだよ！　自分の短所が長所にもなり得るのと同じだね。弱みを強みに変えたら、驚くほど売れるヒントが見つかるかもしれないよ。

ワークD

どんな店にしたいかな？

Q 行ってみたくなるパン屋さんをイメージしてみよう

A

かわいらしいお店	いい香りがするお店	朝早くからやっているお店
種類がたくさんあるお店	値段が安いお店	たくさん買うとおまけのパンをくれるお店
おいしいパンがあるお店	他店にはない種類のパンがあるお店	パッケージがかわいいお店
店員さんがいつも笑顔のお店	清潔感のあるお店	家から近いお店

自分が「いいな！」と感じることを大事にしてね。それは、他の人にとっても、すごく大事なことだったりするんだ。それが、売れるお店の秘密でもあるんだよ。

「お金は役に立つ仕事でもらえる」「お金には限りがある」という貴重な学び

お店屋さんごっこのワーク、いかがだったでしょうか？
このワークをすると、すごく大事なことが少しずつ見えてきます。
それは、〈パン1つ売るのにも、さまざまな工夫がいる〉ということ。その工夫こそが「仕事」であり、その対価が「お金」だと、感覚としてつかめてくることです。

【ワークの成果1】お金は役に立つ仕事でもらえる

おいしいパンを作り、きれいに並べて、チラシを作成して宣伝《せんでん》して……パンを売るのは大変です。ただ単にパンを並べただけではお客さんは買ってはくれません。どんなパンを食べたいのか。焼き立て？　甘いパン？　そうざいパン？　パンの種類が多いと売れる？　セット商品はどうか？　お客さんのニーズ（需要《じゅよう》）に応《こた》えることができれば商品は売れます。

そういうことをして、はじめてもらえるのが「お金」なんです。

会社に行ってする仕事、家でする洗濯《せんたく》、そうじ、お料理など、いろいろな仕事があります。どの仕事も「役に立つこと」で「喜んでもらえること」。お父さん、お母さんが毎日している仕事は「誰かの役に立って喜んでもらっているもの」と子どもたちに伝えてくださいね。

【ワークの成果2】お金には限りがあることに気づける

財布には、無限《むげん》にお金があるわけではありません。子どもが「ちょっと1円足りないから、ちょうだい」なんて軽々しく言ったりすることはありませんか。また、「1円くらいならいいか」と、親も軽々しく子どもに渡さないようにしたいですね。

一円玉1枚足りなくても1000円のものは買えないのですから。

【ワークの成果3】お金を使うときに考えるようになる

100円の価値や重みに気づいたら、100円の使い方も変わってくるはずです。欲しいものが、100円の対価としてふさわしいかどうか、「お金を稼《かせ》ぐって、大変なことなんだ」とわかると、子どもなりに考える習慣ができます。

そうすると、子どもにとっての100円の価値が変わります。

「ありがとう」の対価こそが、「お金」です

「ありがとう」って言葉、私は大好きです。
講座でもよく使いますが、まさにこの「ありがとう」こそが、お金とは切っても切れない言葉なんです。

のどがかわいてコンビニでペットボトルのお茶を買うと、店員さんが「ありがとうございました」と言いますね。「お金を払っている客なんだから当然でしょ？」と思うかもしれませんが、それは違うんです。

私たちは、お金を介《かい》して物々交換《ぶつぶつこうかん》をしているだけなんです。買う側は、お金と交換してお茶をもらっているんです。そう考えたらどうでしょうか？　物々交換をしてくれた店員さんにも、「ありがとう」と言うべきじゃないかと、私は思います。このお話をすると、子どもたちも「そっか、今度から『ありがとう』と言うぞ」と、表情を引き締めます。自分が客で、お金を払っているから偉《えら》い、ということではないんですね。

こういう意識が芽生《めば》えてくると、いろいろなことに感謝の気持ちが出てきます。

このことをふまえて、先のパン屋さんのお金のしくみを見直すと、改めて、お金のまわりには、いくつもの感謝すべきものや人が関《かか》わっていることがよくわかると思います。

お金は「ありがとう」と交換するものです。お客さんに喜んでもらったり、誰かの役に立つことでもらえます。

だから、買ってくれた人には「ありがとう」。お客さんも、欲しいものが手に入ったから「ありがとう」。レストランでごはんを食べたときにも、食べてくれた人に「ありがとうございます」、作ってくれた人、運んでくれた人、お店の人に「ありがとうございました」「ごちそうさまでした」。

お金と一緒に世の中に「ありがとう」が循環《じゅんかん》する世の中になったら素敵ですね。

お金の流れ
国・企業・銀行・家庭の関係

私たちは仕事をしてお金をもらい、暮らしに使います。使わない分を銀行に預けておくと、いまお金を必要としている人や会社に届けることができます。（下図参照）
私たちのお給料や買い物・サービスで使ったお金、会社の利益が出たお金の一部は税金として、国（政府）に預けます。国（政府）はそれを「日本銀行」（国のお金を管理する銀行）に預けます。そのお金で、みんなが幸せになる暮らしを支えています。こうやって見ると、お金がぐるぐるまわっていることがよくわかるね！（左ページ参照）

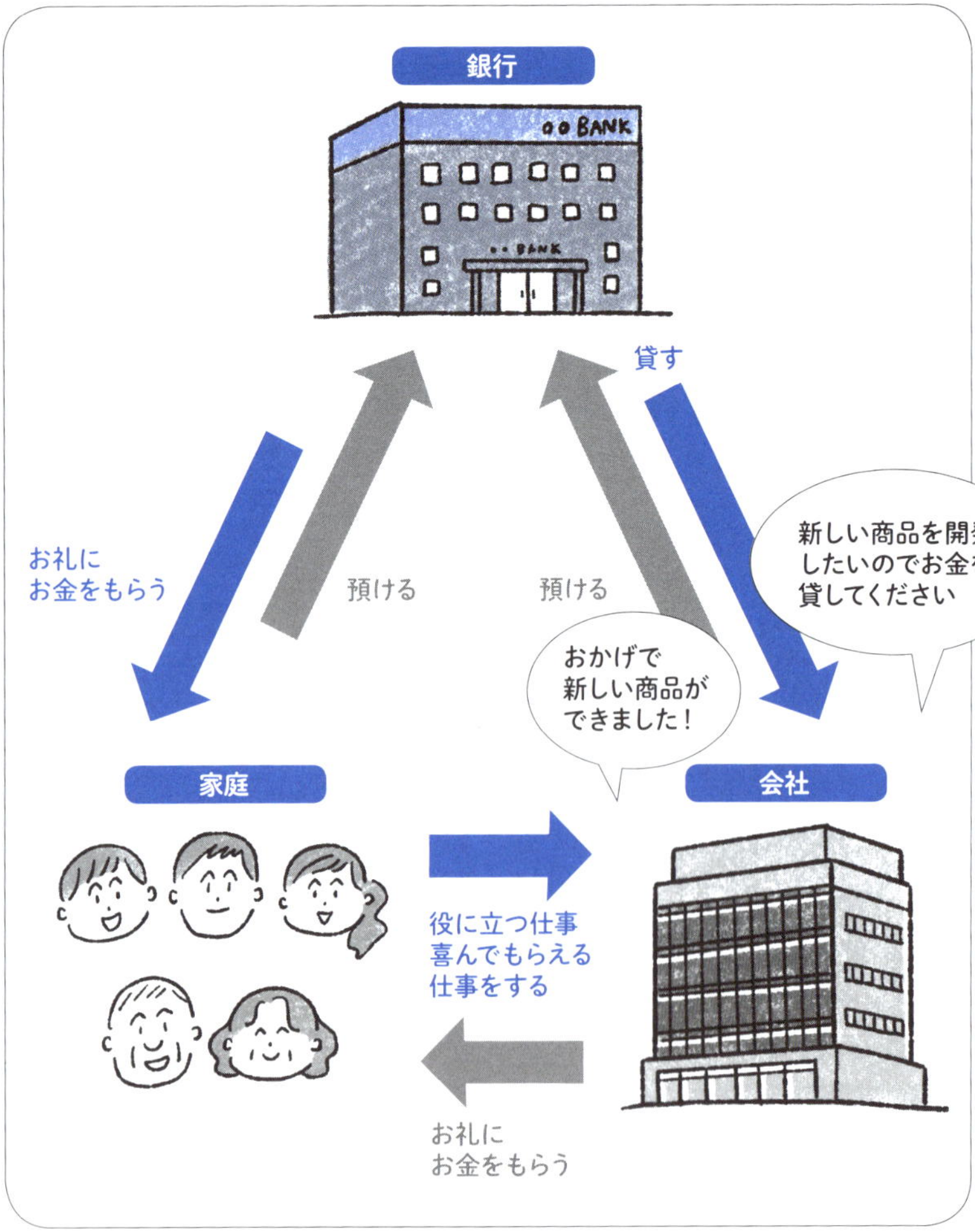

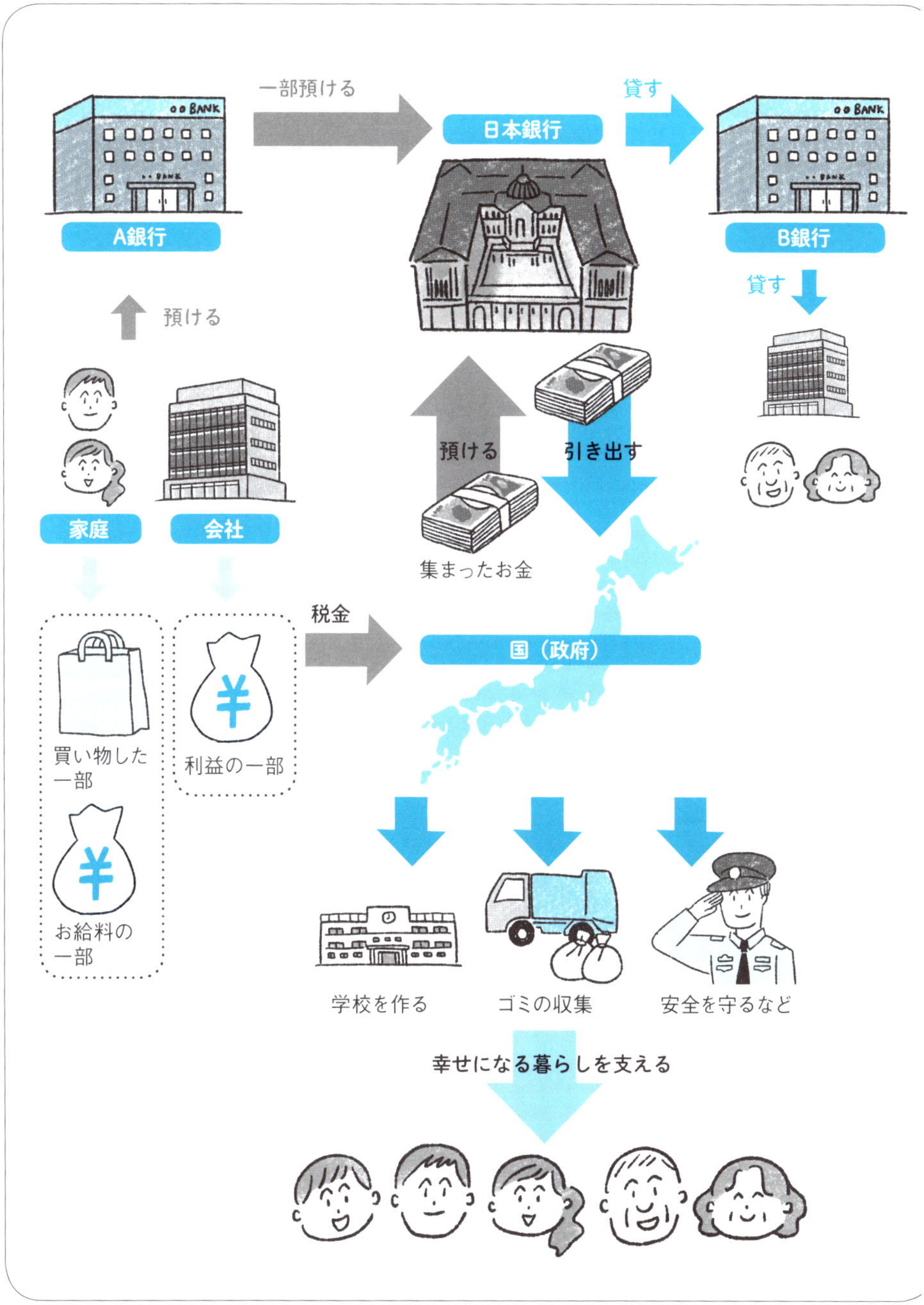
一部預ける
貸す
日本銀行
A銀行
B銀行
貸す
預ける
家庭
会社
預ける
引き出す
集まったお金
税金
国（政府）
買い物した一部
利益の一部
お給料の一部
学校を作る
ゴミの収集
安全を守るなど
幸せになる暮らしを支える

Column

子どもは一瞬で劇変する

お店屋さんごっこの【ワーク】を、親子で遊びながらやってみた後に、子どもに起こった変化をご紹介します。それぞれの親御さんが私に教えてくれました。

ひとつ目は、お店屋さんに入ると、いつも「あれ買って！」「これ欲しい！」と地団駄をふんでお母さんを困らせていた男の子。

家族みんなで夏祭りに行ったときのこと。いつもなら「これ欲しい！」コールでうるさいくらいなのに、ひと通り見終わっても、いつもみたいに「買って！」とは言わなかったのだとか。お母さんが「欲しいもの、今日はないの？」と尋ねたら、少し考えてからこう答えました。

「限りあるお金だから、何が欲しいかじっくり考えているの」

これにはお母さんも驚いたそうです。

ふたつ目は、いつも元気いっぱいのおしゃまな女の子。

お父さんと一緒にコンビニに行って店を出たとたん、「あ、忘れた！」とあわててレジのところに戻りました。

お父さんが「どうしたの？」と尋ねると、

「お店の人に『ありがとう』を言い忘れたから！」

と言ったのだとか。

お金のやりとりを通して、感謝の気持ちを伝えたかったということに、お父さんもびっくりしたそうです。

お金の流れを知ると、仕事の意義、お金の価値などにも意識が向けられます。こういう経験は、子どもの成長に“値千金”ですね。

第3章

現代っ子に不可欠！「見えないお金」との付き合い方

浦島太郎さん、
魔法のカードに気をつけろ！
むかしむかし浦島太郎は物々交換で暮らしていた
魚を塩に替えてくれ！
これこれやめよ
ある日亀を助けた浦島太郎
助けたお礼に竜宮城に招待された
うまい
うまい
ごちそうにすてきな踊りたのしい時間はあっという間
困った時に使ってくださいでも決して使いすぎてはなりませんよ
太郎さまこれはおみやげです
竜宮カード？
RYUGU

- 電子マネーやカードでなんでも買える?
- 現金と電子マネーの違いは?
- 電子マネーはいくら使ってもなくならない?

「見えないお金」について考えてみよう

昔はなかった「見えないお金」。いいところと悪いところ、一緒に考えよう

冒頭マンガで、浦島さんは、最後にお金が払えなくなってしまいました。使えると思っていた魔法のカードには、お金が無限に入っていたわけではないんですね。

①プリペイドカード（書店で使える「図書カード」、コンビニや飲食店で使える「QUO《クオ》カード」、運賃や自動販売機の支払いに使える「Suica《スイカ》」や「ICOCA《イコカ》」など）
②乗車券や回数券
③電子マネー（お金の情報をデータとして記録し、代金や運賃の支払いに使えるようにしたもの。携帯電話やスマートフォンに、この機能がついている場合がある）
④商品券（印字された金額の範囲内なら、何でも買える「ギフト券」の他、「ビール券」「お米券」など特定の商品にのみ使えるものもある）
⑤テレフォンカード

「見えないお金」のメリット、デメリットをあげてみよう！

いいところ
- 払うとき簡単
- おつりの計算をしなくていい
- お財布がすっきりする
- 軽い

悪いところ
- ついつい使いすぎてしまう
- 残りのお金がいくらかわかりにくい
- 一度入金（チャージ）してしまうと、現金に戻しにくい
- 計算をしなくなってしまう

大人でも正しく使えない人がたくさんいます。子どもに教えながら、大人も、電子マネーのメリットとデメリットをしっかり覚えておきたいですね。

身近にあるこういった便利なものは、すべて、千円札や五千円札などの紙幣、百円玉などの硬貨と同じ価値のある「お金」。落としたら、現金を落としたのと同じことです。

でも、こうした現金以外のお金は、どことなく現実味《げんじつみ》に乏しくて、お金を使っている、所持しているという感覚が薄れてしまいがちです。

本章では、現代では当たり前になってきた、こうした「見えないお金」との付き合い方を、学んでいきたいと思います。

浦島さんは、「竜宮カード（電子マネー）」で、おにぎりを買うことができました。でも、カードを使いすぎたため、最後はお金がなくなってしまい、困ってしまったんですね。

「見えないお金」のいいところ、悪いところを、子どもと一緒に話し合ってみましょう。

「見えないお金」だからこそ、無限でないことを肝に銘じよう

前項でも触れた、クレジットカードや図書カードに商品券、テレフォンカード、Suica《スイカ》やICOCA《イコカ》などなど、お金と同じ価値がある、「形を変えたお金」。

生まれたときから、こういう便利なものに触れている子どもたちは、これらに現金と同じ価値があることが実感としてなかなかわかりません。お財布の重さや紙幣の違いなどで、お金をたくさん使ったか、あまり使っていないかが実感できませんからね。いくら入っていても、電子マネーの重さや形は外から見たらなにも変わっていませんから、親が意識して、お金の価値を教えることが必要です。

わかりやすいワークを左ページでお教えしますので、ぜひやってみてください。

ワークE

「見えないお金」の価値を知る

家にある「見えないお金」を
すべてテーブルの上に出します。
それぞれの横に、同額の現金を置いてみましょう。

こうして実際に並べて見ると、「わ、これだけの金額のものなんだ！」という実感が湧いてくるよ。無造作に置きっぱなしにしたり、どこかに忘れてくるなんて、怖くてできないね！

魔法のカード、「電子マネー」に要注意

キャッシュレス化によってお金に触れる実体験が薄れていくのは、時代の流れもあるので、致《いた》し方《かた》ないでしょう。

たとえば、Ｓｕｉｃａ《スイカ》（関東地方）などに代表される交通系ＩＣカード。ＩＣＯＣＡ《イコカ》（関西地方）やＳＵＧＯＣＡ《スゴカ》（九州）、ＰｉＴａＰａ《ピタパ》（関西の私鉄）、ｍａｎａｃａ《マナカ》（名古屋）、Ｋｉｔａｃａ《キタカ》（北海道）などエリアによってもいろいろ。電車やバスにも乗れますが、カードによっては、コンビニやスーパーでも買い物できます。今後、キャッシュレスの傾向はますます加速していくでしょう。

とはいえ、電子マネーはＡＴＭ同様、打出《うちで》の小槌《こづち》ではありません！

「魔法みたいに便利だけど、魔法みたいにいくらでもお金が出せるわけじゃない」

「お父さん、お母さんが働いたお金があるから使える」

ことを伝えましょう。

お金が実感できる遊び①

子どもとおでかけのときは、できるだけ小銭を使って、目的地までの電車の切符を、券売機で買いましょう。

ICカードのほうが少し割安だけれど、目的地までにどれくらいのお金がかかるか、実感させるいいチャンスです。安い勉強料だと思ってみて！

お金が実感できる遊び②

ズボラママ向け！　置いてけぼりの小銭を探せ！
家の中で見つけた小銭は、子どものものにしてもOKとする。

ポケットの小銭を、棚の上や洗面所に置きっぱなしにしていませんか？　もし子どもが見つけたら、「発見貯金箱」（発見したお金を入れる貯金箱）に入れてもOKというルールにしては？　実物のお金を体感するいい機会になります。

すべての始まりは物々交換。親子で「お金の歴史」を話し合おう

お金の始まりを知っていますか？

子ども向けの講座では、私はよく、日本昔話の「わらしべ長者」にたとえてお話ししています。要は、お金のおおもとは「物々交換」。

大昔からお金はありましたが、正確に言えば、「現在のお金の代わりをしていたもの」があったということなんです。

たとえば、お金の代わりには、こんなものが使われていました。

①貝

②塩

③米

主に「腐らないもの」「みんながほしいもの」「価値がわかるもの」などがお金のように使われていました。

貝が欲しい人もいれば、米が欲しい人もいますね。それぞれ欲しいものが違います。

お互いに欲しいものが一致《いっち》したときに、物々交換が成立します。何となく、お金を払って物を手に入れると、お金で何かを買っているような気になりますが、大昔のように、貝、塩、米などで物々交換しているときと、やっていることは、実は変わらないんです。

お互いに「欲しいもの」「必要なもの」を交換するんだね。お互いの「欲しいもの」が一致しないと、物々交換にはならないんだ。みんなが同じように価値を見出せる「お金」があると、物々交換はとてもやりやすいね。

お金をじっくり観察してみよう

物々交換ができれば、自分の欲しいものを手に入れることができます。でも、貝や塩や米はときに不便ですよね？　重たいし、古くなってしまいますし……。そこで、昔の人は「お金」を作りました。ちなみに、日本で一番古いお金（通貨）は７０８（和銅元《わどうがん》）年に作られた「和同開珎《わどうかいちん》」だと考えられています。和同開珎よりも昔に作られた「富本銭《ふほんせん》」という銅貨もありますが、通貨として使用されていたかどうかは不明です。ちなみに富本銭は、６８３（天武《てんむ》12）年頃に発行されたと考えられています。

おでかけや旅行がてら、お金についていろんな体験や学習ができるこんな施設はどうでしょうか？

お札と切手の博物館

https://www.npb.go.jp/ja/museum/

お札が現在のかたちになるまでの歴史、日本と外国のお札の違い、お札のデザインや印刷技術のことが学べます。

造幣局（大阪造幣局）

https://www.mint.go.jp

硬貨を専門に製造しています。併設の工場・博物館などが見学できて、貨幣に関するデータも多彩です。ホームページの「キッズ」というコーナーでは、子ども向けに造幣局の仕事、硬貨（コイン）ができるまでの工程をわかりやすく説明しているので、一度予習してから実際に出かけてみると、よりいっそう楽しめます。

貨幣博物館

https://www.imes.boj.or.jp/cm/

貨幣とその歴史、文化的背景に関する資料を幅広く展示しています。2015年にリニューアルされ、子ども向けの体験展示や記念撮影スポットも充実しました。

身近なところでは、まず一度、お財布の中身を全部出してみて、子どもと一緒にじっくり観察してみるのもいいですね。

Q 千円札と五千円札の違いは何か？

Q どこにどんな線が印刷されているか？

Q 透かしはどこに入っているか？

Q 色は何色か？

Q 英語の文字はないか？

眺《なが》めてみると、いろんな発見ができますよ（88～91ページの外国のお金も併せて見てみてくださいね）！

こんなに変わった！「500円」

五百円紙幣

500円紙幣には、２種類（B号券とC号券）があり、B号券は昭和26（1951）年、C号券は昭和44（1969）年に発行されました。どちらにも岩倉具視《いわくらともみ》が描かれています。

「五百円硬貨」誕生

昭和57（1982）年、五百円紙幣に代わり登場しました。記念硬貨以外の一般流通硬貨としては、世界有数の「高額硬貨」です。

現代の「五百円」いろいろ

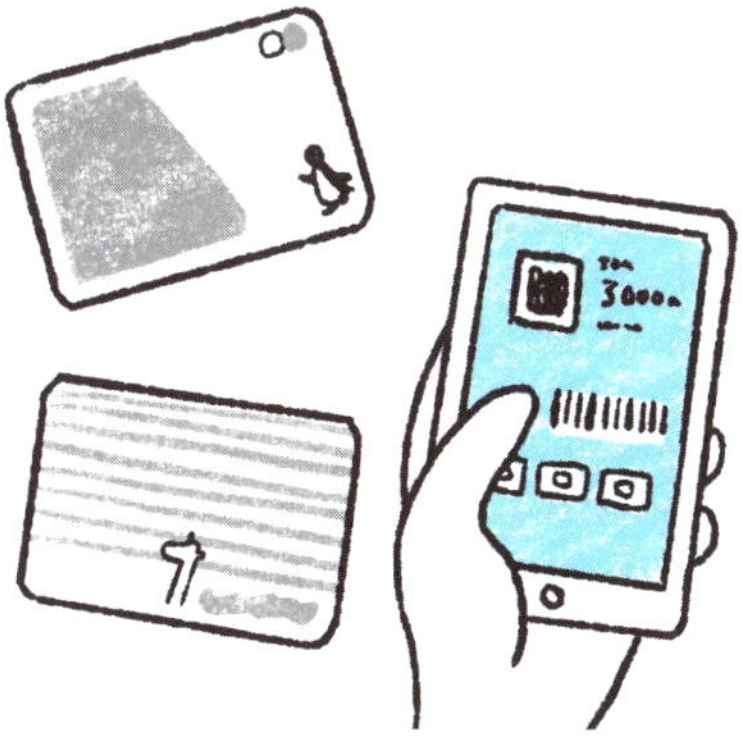

電子マネーが登場して、「500円」の形も、さまざまに！　70年も経てば、これだけお金の形も変わるんです。これから日本の硬貨や紙幣はどのように変貌していくのでしょうか……!?

お金がかかる手続きには、子ども同伴で出かけよう！

子どもに「電子マネー＝お金」であることを実感させたいなら、実際にお金のチャージをやってもらいましょう。

少し時間に余裕があるときに、駅の自動券売機やバスの乗車口で、実際にお金を挿入して、入金金額を目で見て確認してもらいます。

「ほら、これだけの金額が入っているんだよ」

「なくしたら大変だね、気をつけようね」

と、現金と同じ価値があることを、それとなく伝えていきましょう。

銀行で実際に子どもに通帳を作らせるのもいい経験になります。たとえ、署名の字が少し汚くても問題ありません。窓口の方は喜んで対応してくれるはずです。自分で口座を開いたということで、その金融機関がとても印象深くなり、生涯お付き合いするメインバンクになるかもしれません。

ＩＣカードや子ども用携帯電話の手続きも、大人がササッと済ませてしまうことが多

いですが、たとえ子ども用であっても、支払いは親がしているのですから、そこを理解させたいところです。その大事なステップを省《はぶ》くと、子どもにはお金が「見えないまま」になってしまいます。

キッズ・マネー・スクールの講師の話ですが、子どもにICカードや携帯電話を与えるときは、その場に必ず同伴させたそうです。駅員さんにICカードの説明をしてもらい、初期費用などもその場で確認して払わせたのだとか。携帯電話のときは、携帯ショップで申込書を書かせ、携帯そのものは「ゼロ円」でも、通話料にはすべてお金がかかることを、窓口の人に説明してもらったそうです。

Column

子どもが買うものこそ、できるだけ実店舗で！

講座に参加された親御さんで、「子どもが買うものは、できるだけ実際の店で見つけられるものを購入します」という方がいらっしゃいました。

理由を尋ねてみたら、

「ネットショッピングだと、どうしても、お金を払ったという実感が乏しいんです。それが子どもにどう影響するのか、あるときからふと、怖くなりました。それからというもの、できるだけ店で実物を確認してから、現金を見せて買うようにしたんです」

こうおっしゃったお父さん、その鋭い感性に拍手を送りたくなりました。

ネットショッピングは、クリックひとつで何でも買えて、とても便利です。ですが、これも電子マネー同様、クリックひとつで数千円、あるいは数万円というお金が動いているわけですが、あまり実感が湧きませんね。

ネットでしか買えない限定品やお得な商品もあります。どうしても子どもがそれを欲しがったとき、このお父さんは、どうしたでしょうか……？

なんと、

「お父さんに、◎◎円、この場で払う」

というルールにして、必ず現金を使わせるようにしたそうです。ブレない教育方針、あっぱれ！としか言いようがありません。

こういう親子のやりとりがあれば、キャッシュレス化の現代においても「見えないお金」を十分に実感できますね。知恵と工夫ひとつで、何とでもなるんです。

第4章

広い視点で日本がわかる！「世界のお金」と為替《かわせ》の話

白雪姫と小人さん
アメリカのアップルパイを買う
白雪姫はじつはとてもわがままでした・・・
アップルパイ食べたいな1000円で買ってきて！
ええ〜!!
まったく！
無茶いうんだから!!
Exchangeプリーズ！
NO!
え？日本のお金じゃ買えないの??
EXCHANGE
1000円をアメリカのお金に替えたら10ドルになった！
やれやれ
超おいし〜

●日本のお金がアメリカで使えない?!
●お金の価値は常に変わる?!
「為替」について考えてみよう

身近にある外国を探してみよう

日本に住んでいると、日本語でたいてい誰とでも会話ができます。外国人旅行者や日本で働く外国人が増えてきたとはいえ、日本語以外の言葉に触れる機会は、外国と地続きの国々と比べたら、島国の日本はまだまだ少ないですね。

でも、注意深く周囲を見てみると、外国に行かなくても「外国」を身近に感じる機会はたくさんあるんです。

まずは、日常生活で見つけられるいろいろな世界や国々を、親子で探してみましょう。

ワークF

身のまわりにある世界を探してみよう！

Q1

今日着ている服の原産国はどこ？
「日本製」かな？
英語では「Made in China（中国製）」
などと書いてあるよ。

Q2

今日のおやつの原産国は？

Q3

家の車は、どこ製かな？

Q4

スーパーの果物、どこが原産国？

世界は広いよ！　いろんな外国の名前を見つけたら、世界地図で位置を確認してみよう。

「本物の外貨」に触れよう！

お金をじっくり眺めたことはありますか？
毎日触わっているのに、注意深く見たことがない人がほとんどでしょう。
日本円はもちろんのこと、いろんな外貨に触れてみると、
大きさや質感など、さまざまな違いに気づけます。
以下に外貨をいくつか紹介します。

アメリカ合衆国のお金

単位：ドル

特徴　アメリカのドル札は大きさと色がすべて同じです。表には有名な政治家が描かれています。洋服の素材を材料にしているので、細い糸の線が見えることがあります。

日本円との比較（2019年5月31日現在）
1ドル≒110円

イタリアやフランスなど、ヨーロッパの一部のお金

単位：ユーロ

特徴　7種類あるユーロ札はそれぞれ色が違います。ロマネクス様式、ゴシック様式など、ヨーロッパのさまざまな建築様式の建物が描かれています。「ユーロ」はEU加盟国28か国のうち、19か国で使用されています（欧州加盟国数は、2019年4月23日現在。外務省のＨＰによる）。

日本円との比較（2019年5月31日現在）
1ユーロ≒123円

インドのお金

単位：ルピー

特徴　インドのお札の表側には、すべてマハトマ・ガンジーが描かれています。裏側には15の言語が記されています。いろいろな言語を話す人が暮らしているんだね。

日本円との比較（2019年5月31日現在）
1ルピー≒1.7円

オーストラリアのお金

単位：豪《ごう》ドル

特徴　お札はすべて「ポリマー」というプラスチックの一種で作られています。紙のお札よりも丈夫で長持ちなうえ、偽札《にせさつ》も作りにくいのだそうです。

日本円との比較（2019年5月31日現在）
1ドル≒78円

中華人民共和国のお金

単位：元《げん》

特徴　表側には毛沢東《もうたくとう》が描かれています。中国では偽札も多く流通していると言われ、お店で100元札や50元札を使うと、本物かどうか確かめられることもあるそうです。

日本円との比較（2019年5月31日現在）
1元≒16円

大韓民国のお金

単位：ウォン

特徴　流通しているお札は、3種類です。表側には、ハングル文字を作ったセジョン大王、朱子学者のイイ、儒教の大家テゲ・イファンが描かれています。

日本円との比較（2019年5月31日現在）
1ウォン≒0.091円

日本のお金

単位：円

特徴　中央に「すき入れ」と呼ばれる透かしが入っています。また、左右の下側に「識別マーク」があり、券種ごとに識別マークが違います。日銀は表側に描かれる人物を2024年度前半を目安に新しくすることを発表。1万円札は渋沢栄一、五千円札は津田梅子、千円札は北里柴三郎が新しい紙幣の顔ぶれとなります。

「円の価値は常に変わる」という、大人でも見過ごしがちな事実

グローバル化が進んでいく中、外貨や為替の知識はとても大事です。お金は形あるものので、いつでも決まった価値があると思いがちですが、それは大きな間違いです。

たとえば、子どもにお手伝いの報酬として渡した百円玉。この百円玉で買うことができるものの量は、どれくらいでしょうか？

冒頭マンガで、最初、小人さんは1000円を10ドルに替えて、1個10ドルのアップルパイを1個買いました。ところが、その1か月後、同じ1000円を両替(Exchange)したら、今度は20ドルに。なんと、倍になっていたのです。1000円で1個10ドルのアップルパイが2個買えました。このように、お金の価値は常に変化しています。

1945年頃は、アメリカの1ドルは固定相場で360円でした。ところが現在、1ドルは110円くらい。日本の円の価値が変化していることがよくわかります。

ある通貨を他の国の通貨と交換したときにどれくらいの価値があるかを判断するものを「為替相場《かわせそうば》」と言います。

1000円で買えるものの量は常に変化しています。

現在
1000円で2個の
アップルパイが
買える！

10年後
1000円で1個の
アップルパイしか買えない
（かもしれない！）
ガーーン

10年後に、円の価値は
どれくらいになっているのでしょうね！？

「外国為替」によって、お金の価値は変わります。世界中にはいろいろな紙幣や硬貨があり、その価値はさまざまです。お金は形があるもののようでいて、実はその形も価値も、決まったものではないんですね……。

「円の価値は変わる」ことを、遊びながら体感する

日本の貨幣単位は「円」です。

では、日本で使っているお金「円」は、アメリカに行っても使えると思いますか？

答えは「ノー」です。アメリカでは日本の「円」は使うことができず、アメリカのお金「ドル」と交換しなければいけません。

次に紹介するのは、キッズ・マネー・スクールでよくやるゲームです。為替や為替相場のことを理解するのに役立つので、ぜひ、お子さんと一緒にやってみてください。

＊

このゲームでのミッションは〈アメリカに行って、1個1ドルのリンゴを買うこと〉です。

ではさっそく、Aさん、Bさん、Cさんの3人でやりながら説明します。お金を換える「銀行」も準備してください。

まずは日本のお金「円」をアメリカのお金「ドル」に「銀行」で交換します（ちなみに、冒頭マンガの小人さんは、銀行ではなく「両替所（Exchange）」と呼ばれる所で替え

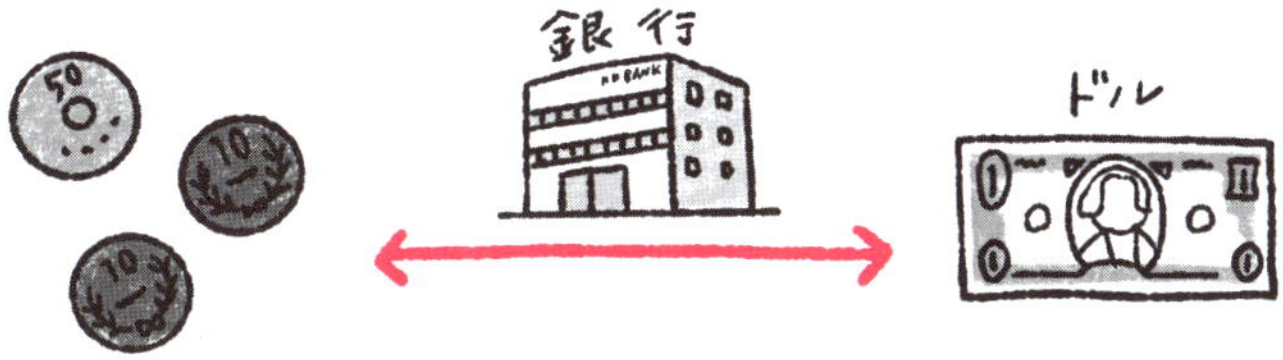

ました。銀行以外の場所で交替できることもあるんですね）。

日本円（100円×3枚、50円×3枚、10円×12枚）を持って銀行へ行き、ドルに交換してもらいますが、1ドルの値《ね》はそれぞれがサイコロを振って決めます。

まず、1回目。為替は1ドル100円からスタートです。

たとえば、最初の人（Aさん）がサイコロを振り、3の目が出たとします。スタートから3マスを進むと、1ドル70円のところです。70円を財布から出し、銀行で70円と1ドルと交換してもらいます。

そして、次の人（Bさん）がサイコロを振り、4の目が出たとします。先ほどのAさんの70円のマスから4マス進むと1ドル130円です。130円を財布から出し、銀行で130円と1ドルと交換してもらいます。

最後の人（Cさん）も同様にサイコロを振り、2の目が出たとします。130円のマスから2マス進むと1ドル110円です。銀行で110円と1ドルを交換してもらいます。

2回目、3回目と為替の動きが変わりますが、1回目と同様、1ドル100円のところをスタート地点にします。同様にサイコロを振って、円とドルを銀行で交換してもらいます。

3回目が終わったら、どの人も1ドル札を3枚持っていますよね？

リンゴは1個1ドルなので、全員がリンゴ3つを買います。

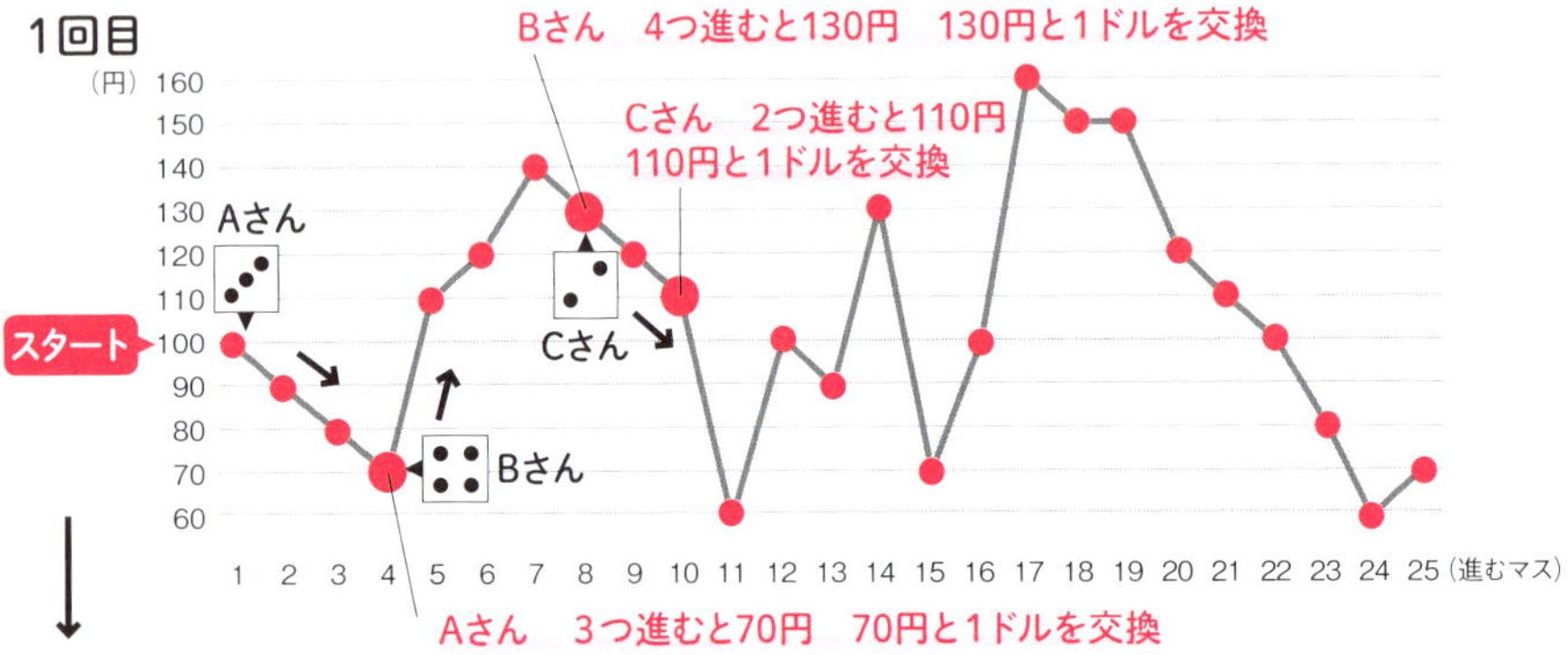

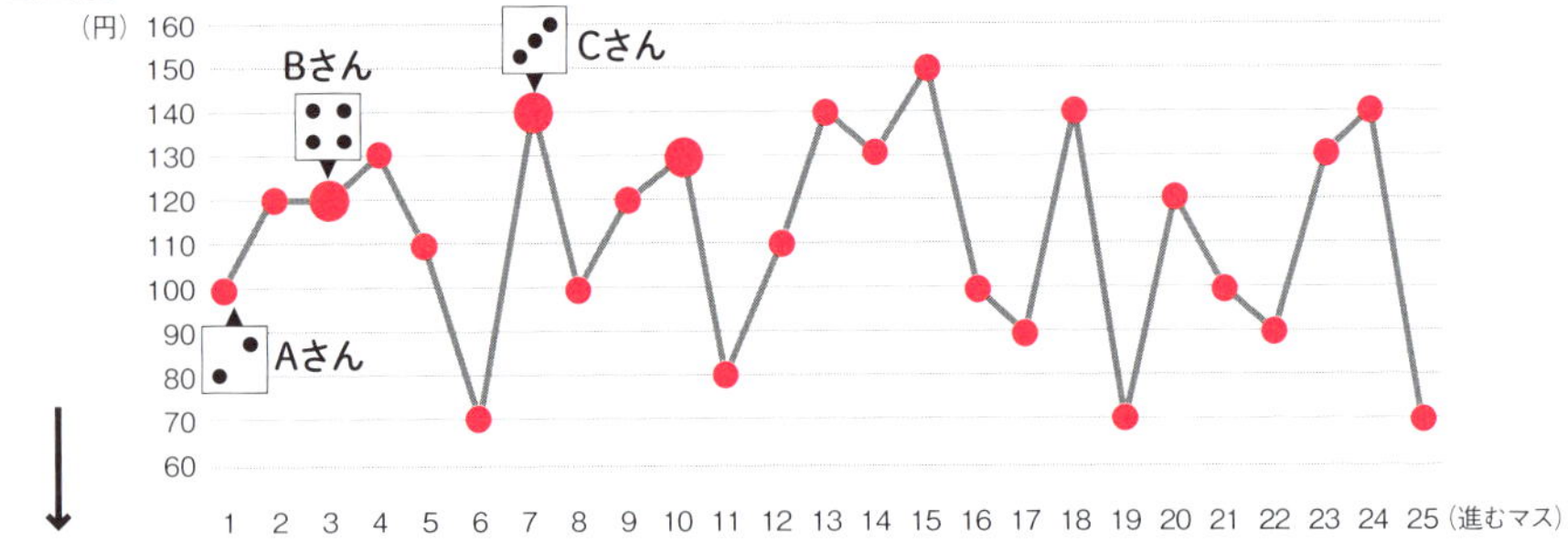

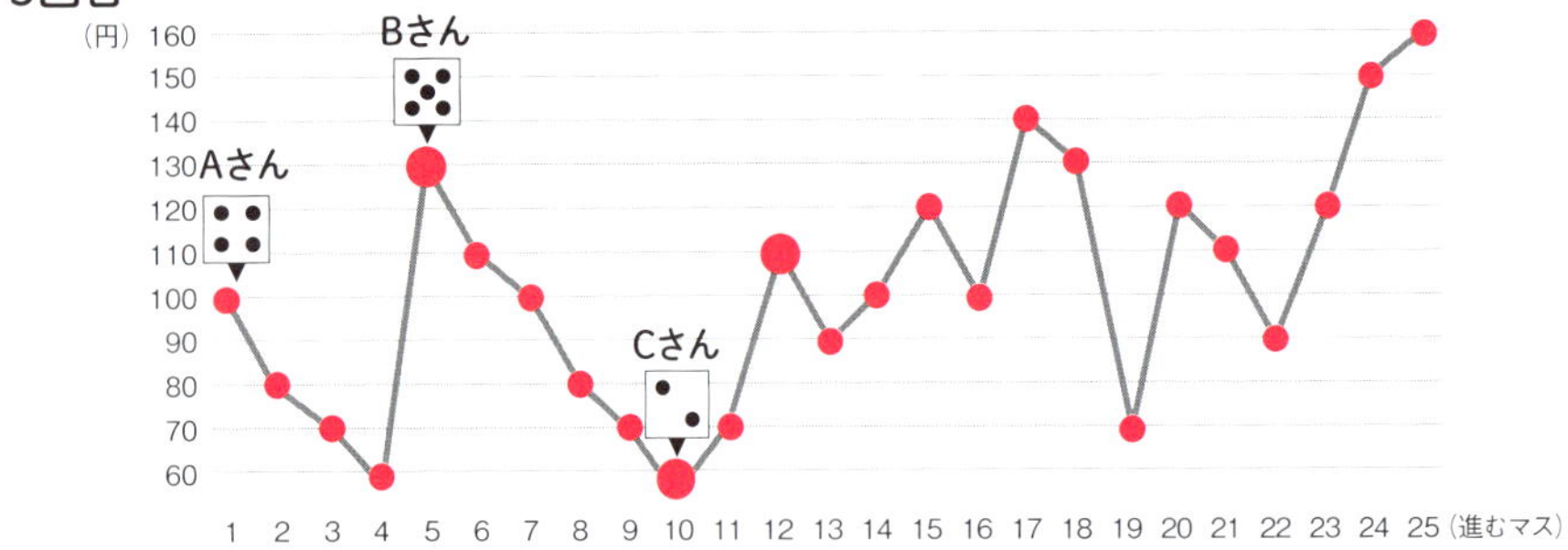

	1回目	2回目	3回目	合計
Aさん	1ドル＝70円	1ドル＝120円	1ドル＝130円	320円
Bさん	1ドル＝130円	1ドル＝140円	1ドル＝60円	330円
Cさん	1ドル＝110円	1ドル＝130円	1ドル＝110円	350円

みんなリンゴ3個無事に買うことができました。でもここでちょっと考えてください。

全員リンゴ3個買えたけど、交換した日本「円」の合計は、みんな違います。

さぁ、この中で〈一番オトク〉にリンゴを買えたのは誰でしょうか……？

合計すると、優勝はAさん！ になります。

せっかくなので、どこが一番オトクに買えて、どこが一番オトクに買えなかったかも見ていきましょう。

Bさん3回目の1ドル＝60円が一番オトクにリンゴを買うことができました。

この一番オトクに買えたことを円の価値が高いという意味で「円高」と言います。

逆に一番オトクに買えなかったところは、Bさん2回目の1ドル＝140円ですね。

この一番オトクに買えなかったことを円の価値が低いという意味で「円安」と言います。

今回は、サイコロで1ドルの値が変化しましたが、実際には国同士のお金のやりとりで複雑に変化します。

ちなみに2019年4月末現在で、それまでの一番の円高は「1ドル＝75円」、一番の円安は「1ドル360円」。さて、今日は1ドルいくらかわかりますか？

テレビや新聞、ニュースでも毎日やっているので、ぜひチェックしてみてください。

ワークG

アメリカに、1個1ドルのりんごを買いに行こう！

本文でも解説しましたが、ここにやり方をまとめておきます。

ゲームの進め方

1 1人が100円玉3枚、
50円玉3枚、10円玉12枚を持ちます。
本物のお金でもいいし、
手作りのコインでもOKです。

2 サイコロを振ります。
銀行でお金を交換する役の人もいるといいですね。

3 出た目の数だけ、
グラフの●を進みます。
止まった●が、1ドルの値段です。

4 手持ちの円を、1ドル札に交換します。

5 1人（チームごとに）3回やってみて、
最後に、一番お得に（安く）
リンゴを買えた人（チーム）が勝ち！　です。

1回目

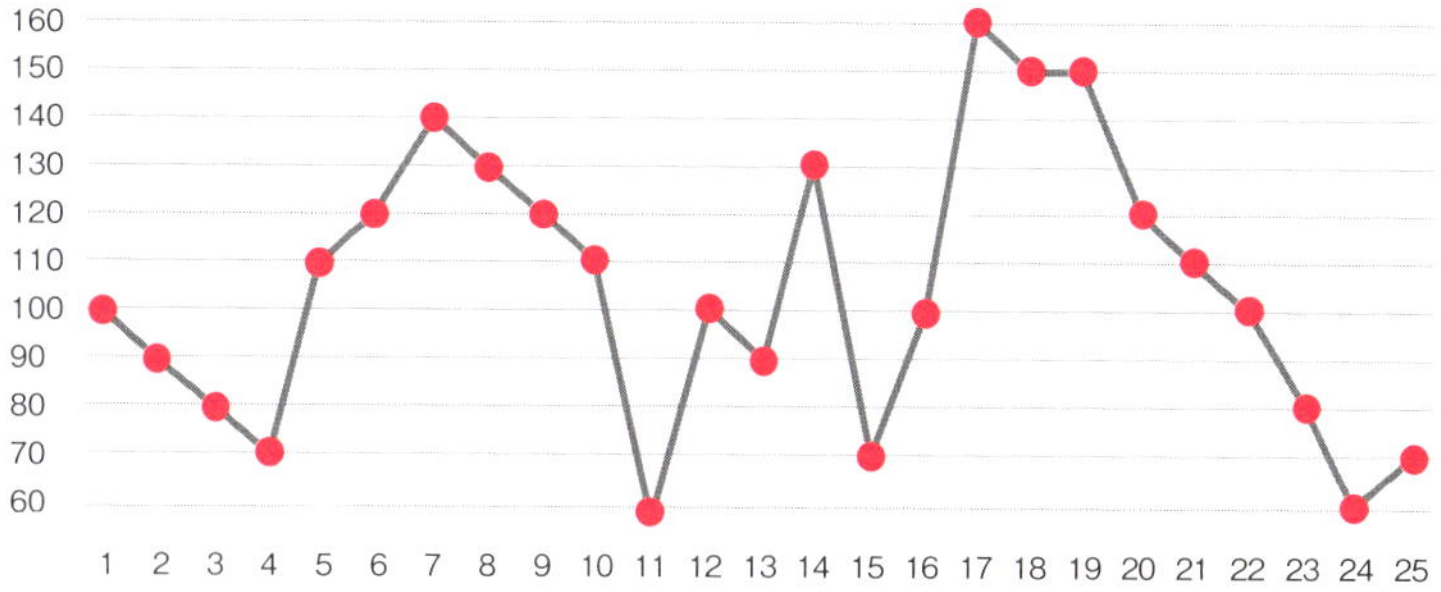
160
150
140
130
120
110
100
90
80
70
60
1 2 3 4 5 6 7 8 9 10 11 12 13 14 15 16 17 18 19 20 21 22 23 24 25

2回目

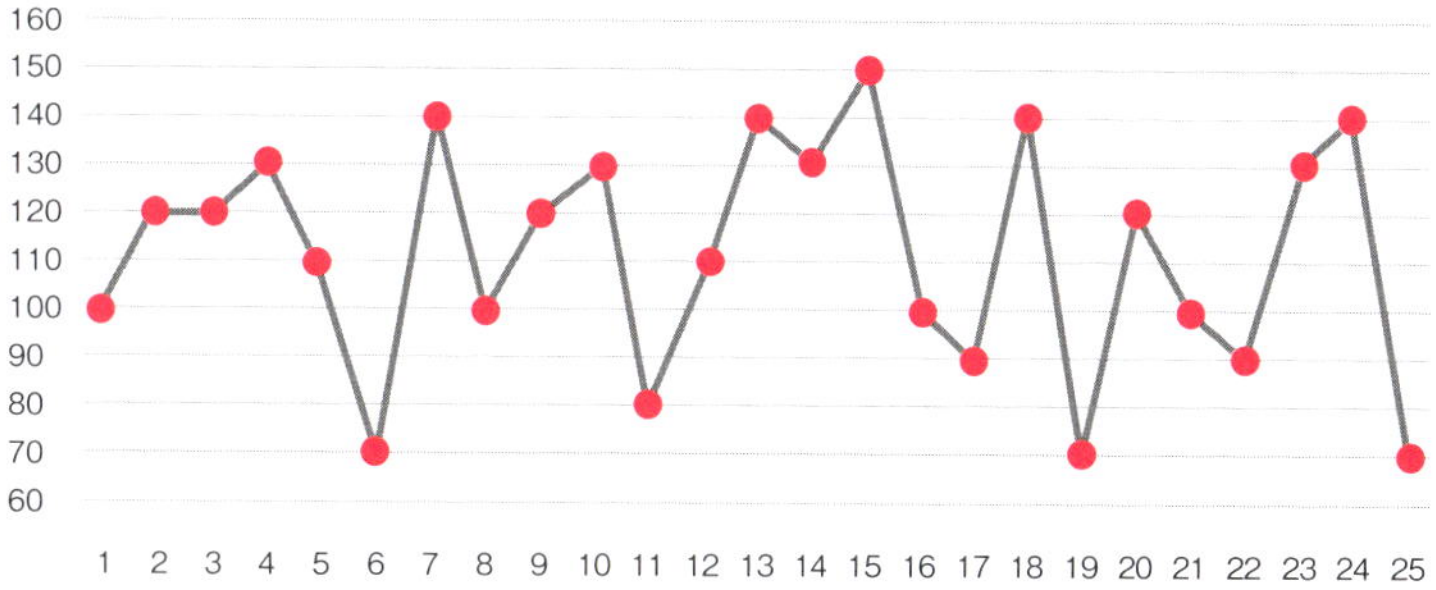
160
150
140
130
120
110
100
90
80
70
60
1 2 3 4 5 6 7 8 9 10 11 12 13 14 15 16 17 18 19 20 21 22 23 24 25

3回目

160
150
140
130
120
110
100
90
80
70
60
1 2 3 4 5 6 7 8 9 10 11 12 13 14 15 16 17 18 19 20 21 22 23 24 25

「円高」「円安」の感覚が、自然と身につく

このワークをやってみると、
「次は１ドルの値段はいくらだろう？」
「１００円で買えるかな？　いや、もっとかな？」
と、ワクワク、ドキドキしてくるんですね！

３回やって、全員が３個のリンゴを買えるけれど、出したお金はそれぞれ違いますよね？

まさにそういった、１ドルの価値が変化するということが「外国為替《がいこくかわせ》」なわけです。

お得にリンゴが買えたところは「円高」で、お得に買えないところを「円安」ということになります。

具体的な経済の話で言うと、円高が進むと海外の製品を買う（輸入する）とき、有利になります。反対に、円安が進むと、海外に製品を売る（輸出する）とき、有利になるんです。

☆リンゴをお得に買えたとき

例：100円が「90円」になると……

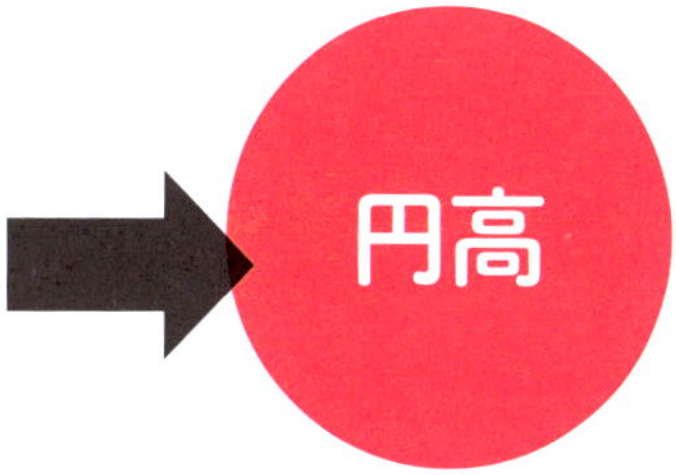

良い点　輸入品・海外旅行が安くなる
石油の値段も下がる

悪い点　輸出品が高くなり、
日本のものが海外に売れなくなる

☆リンゴをお得に買えないとき

例：100円が「110円」になると……

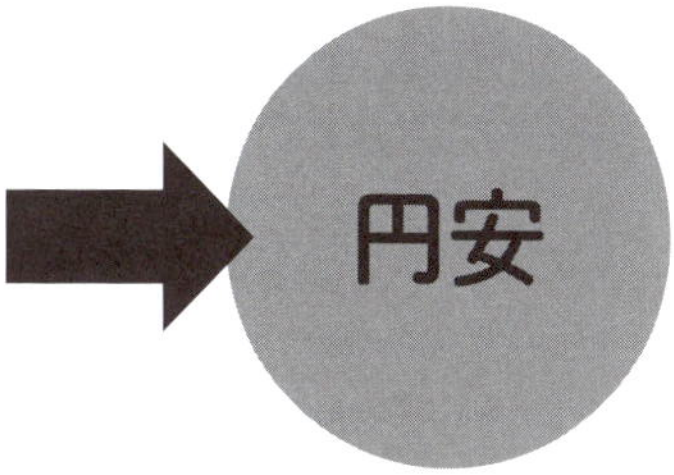

良い点　輸出品が安くなり、
日本のものが海外によく売れる

悪い点　輸入品・海外旅行が高くなる
石油の値段が上がる

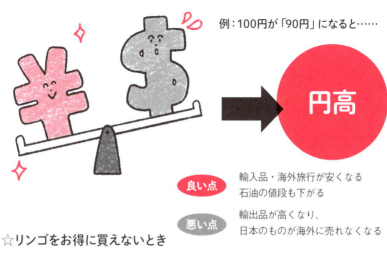

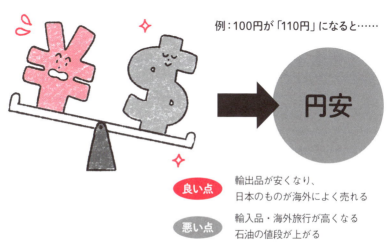

Column

外貨おこづかいで、円安を利用して儲けた次女の話

ちょっと興味深いお話をしますね。うちの娘2人のお金にまつわるエピソードです。

これからは外国人が日本にもどんどん入ってきます。外貨の知識も必須です。

少しでも外貨に慣れてもらうために、娘たちが小学生の頃、毎月1ドル(米ドル)で、おこづかいをあげることにしました。

最初の3か月だけ本物の米ドルで渡していたのですが、途中から、エクセルで通帳を作成して、左ページの図のように入力していきました。

あるとき、次女が「お姉ちゃんバカでな」って言うんです。理由を尋ねると妹はこう言いました。

「1ドル80円の頃の10ドルをお姉ちゃんから800円で売ってもらったんだ。でも、今は1ドル101円だから、1010円で売らないといけんのに！　お姉ちゃん、バカでな！」

姉は、為替の変動に気づいていなかったんですね。

姉妹でお金に対してぜんぜん向き合い方が違うのを、面白いと感じたエピソードでした。

どちらがえらいとか賢いとかそういうことではありません。この話は、お金に対する個人的な感情は、それぞれまったく違うということを如実に伝えているところがミソなんです。

姉が800円で売ったのは、姉にとってはそれしか価値がなかったというだけのことです。手放すことができて、スッキリしているかもしれませんね。

一方で妹のほうは、為替の変動があるので、お金が増えていることに気がついていました。そこに面白さを感じているわけです。

お金の価値の向けどころは、人それぞれ、さまざまなんですね。

三浦家の“ドル建て”おこづかい記録

		こづかい	為替レート	平均レート	合計
2011年	4月	US$1	¥83.34	¥83.34	US$1.00
	5月	US$1	¥81.25	¥82.30	US$2.00
	6月	US$1	¥80.51	¥81.70	US$3.00
	7月	US$1	¥79.39	¥81.12	US$4.00
	8月	US$1	¥77.22	¥80.34	US$5.00
	9月	US$1	¥76.83	¥79.76	US$6.00
	10月	US$1	¥76.77	¥79.33	US$7.00
	11月	US$1	¥77.57	¥79.11	US$8.00
	12月	US$1	¥77.85	¥78.97	US$9.00
中略					
2012年	11月	US$1	¥80.76	¥79.15	US$10.00
	12月	US$1	¥83.57	¥79.55	US$11.00
2013年	1月	US$1	¥89.16	¥80.35	US$12.00
	2月	US$1	¥93.16	¥81.34	US$13.00
	3月	US$1	¥94.76	¥82.30	US$14.00
	4月	US$1	¥97.69	¥83.32	US$15.00
	5月	US$1	¥101.08	¥84.43	US$16.00
	6月	US$1	¥97.33	¥85.19	US$17.00
	7月	US$1	¥99.75	¥86.00	US$18.00
	8月	US$1	¥97.87	¥86.63	US$19.00
	9月	US$1	¥99.27	¥87.26	US$20.00
	10月	US$1	¥97.82	¥87.76	US$21.00
	11月	US$1	¥99.78	¥88.31	US$22.00
	12月	US$1	¥103.41	¥88.96	US$23.00

いろいろなお金があり、為替が変わると価値も変わります。おこづかいのあげ方を工夫することで、暮らしの中でこうした感覚を学ぶことができるんです。

為替と投資の話

為替の知識だけでなく、投資の話も、これからの時代には欠かせません。

たとえば、日本の銀行の普通預金の金利は、現在0・001パーセントです。100万円を預けても、倍の200万円になるまでに7万2000年かかる計算になります。

私たちの親世代が若かった頃は、利子が7〜8パーセントくらいでした。一番すごいのは、郵便局の10年定期が12パーセントという時代もあったんです。

2019年10月には、消費税が2パーセント上がる予定です。そうしたら生活全般の支出も2パーセント増えるわけです。日銀が、物価上昇目標2パーセントを掲げました。現時点の暫定的《ざんていてき》なインフレ率は0・5〜0・6パーセントくらいです。

それに伴い、給料が上がるかというとそういうわけではないですね。加えて、銀行の利子も0・001パーセントに止まっています。

だとしたら、総合的に判断すると、ただ預けているだけのお金は、どんどん減っているのに等しいんです。たとえ額面《がくめん》は変わらなくても、そういうことになりますね。

今の銀行は、リビングに置かれているおもちゃの貯金箱と、たいして変わらないと思います。

ですから、今の時代にお金を殖やそうと思ったら、たくさん稼ぐか、あるいは投資するしかない、というわけなんです。

子どもたちの最大の武器は十分な時間を持っていること

お金のことを子どもに教えるときは、「時間」のことを必ず伝えて下さい。子どもには、これから10年、20年、30年……とありあまるほどの時間というメリットがあるんです。

小学生の生徒たちに、「お父さん、お母さんよりもお金持ちになる方法」を、わかりやすい投資のたとえ話にして伝えました。

10歳の子が60歳までの50年間10万円を7・2％で預けた場合、323万3994円。
44歳の親が60歳までの16年間100万円を7・2％で預けた場合、304万1701円。

さて、複利（※複利：それまでの利子を元本に加え、その合計額に対してつけられる利子）を計算していくと、10歳の子は約323万円、44歳の親は約304万円になります。

こうして比較すると10歳の子が、皆さんよりもお金持ちになれますね。

預金口座に入れたのは、子どもは10万円、親は100万円です。子どものほうが親よ電卓で計算してみよう！

計算方法（1年の金利7.2パーセント）

金利 1.072 ✖ ✖（2回押す）元のお金 → 年の数だけ ＝ を押す

計算① 44歳の親が１００万円を６０歳まで貯金したら？

1.072××100万円＝（16回）→ 約304万円

計算② 10歳の子が10万円を60歳まで貯金したら？

1.072××10万円＝（50回）→ 約323万円

寝かせておいたお金も、「時間」の魔法で殖えていきます。

りも少ない金額を預金しているのに、５０年間という長い期間を複利で預けると、利息が元金に組み込まれ、新たな元金になり、また利息がつくということです。つまり、雪だるま式に殖えていく。結果的に長期投資と複利効果で、少ない金額で運用した子どものほうがお金が殖えるというわけです。

これにもう1万円追加した11万円で子ども達がスタートできると、60歳になったときには約３５６万円となり、10万円スタートよりも約33万円も多い結果となるのです。

若い世代の武器は、「時間」だということが、これで十分におわかりいただけると思います。だからこそ、小中高校生に話すときは、時間を上手に使っていこうということを、繰り返し伝えています。

「知るは財産、知らぬは負債」です。

投資と投機の違いって？親も「お金を殖やすこと」に注目しよう

日本は〝貯金を美徳〟とする傾向があります。最近では、少し「投資」を後押しする傾向がありますが、それでも貯金信仰は根強いです。

でも、超低金利なうえに、物価も上昇、消費税もアップ……暮らしにかかるお金はどんどん上がっているので、結果的に貯金したところで、お金は殖えていないんです。寝かせておくだけじゃ結局、減っていることと変わらないんですね。

お金の殖やし方の教育というのは、一朝一夕《いっちょういっせき》にはいきませんが、でも、親が意識としてもっておいてほしいと思います。そこで、投資と投機について、またその違いについて、ちょっとお話ししたいと思います。

投資　**例：株の運用など**

長期的に見て成長しそうな企業や、経済成長が著しい国の株式などに、お金を預けることです。その企業や国が成長すれば株価は上がります。短期的に見ると、どんな企業も国もそうですが、業績《ぎょうせき》（経済）がいいとき、悪いときがあり、それを繰り返すので、株価は上がったり下がったりします。短期的視点で一喜一憂せずに、長期的なスパンで企業や国の成長を見守り、お金を預けるのが投資です。

株価は日々上がったり、下がったりを繰り返しますから、ちょっとした知識程度では短期的な為替の変動を読むことはできません。

ニュースなどで「株価が上がってる」とにぎやかになると、みんなが買おうとします。これは知識があるのではなく、ニュースに踊らされているだけです。ほとんどの場合が株価が天井になった頃にニュースになっています。そしてテンションが上がった人たちが買いに走ります。

そして下落が始まると、焦って売却し、損をすることになるのです。

これが多くの日本人の傾向です。

株の短期の上がり下がりは私にもわかりません。

しかし長期的に見ると、成長している国や会社はあります。一時的には下がることがあっても長期で見ればプラスになります。

ひとつヒントを出すとしたら、人口が増えていて、若い人が多い国は成長しています。短期的には上がり下がりしますが、長期的に見ればそのようなところはほとんどが成長しています。私はそんなところに投資したおかげで、住宅ローンを8年で完済できました。

投機

例：短期的な株の売買やギャンブル全般

株価が低いときに買って、株価が上がったときに売れば、短期間で儲けが出ます。短期的なスパンで儲けを狙って売買するのは投資ではなく、「投機」や「ギャンブル」です。

日本人は、投資すら〝ギャンブル〟と見なしてしまう傾向があるのですが、本当の投資とギャンブル（投機）は、切り離して考えないといけません。108ページで触れた、貯蓄を殖やした10歳の例は、長期的なスパンで、時間を味方につけた「投資」なんです。

子どもに与えられた何ものにも代えられない特典。それは「時間」です。この「時間」を最大限に使うことが、お金をつくることにもつながります。そういう意味で、これからは「投資」という視点ももっていただきたいと思います。

子どもたちには未来がたっぷりあるわけですから、その成長を見守るお父さん、お母さんにも、ぜひ〝投資〟の意義を少しだけ心の片隅に置いておいてほしいと思います。

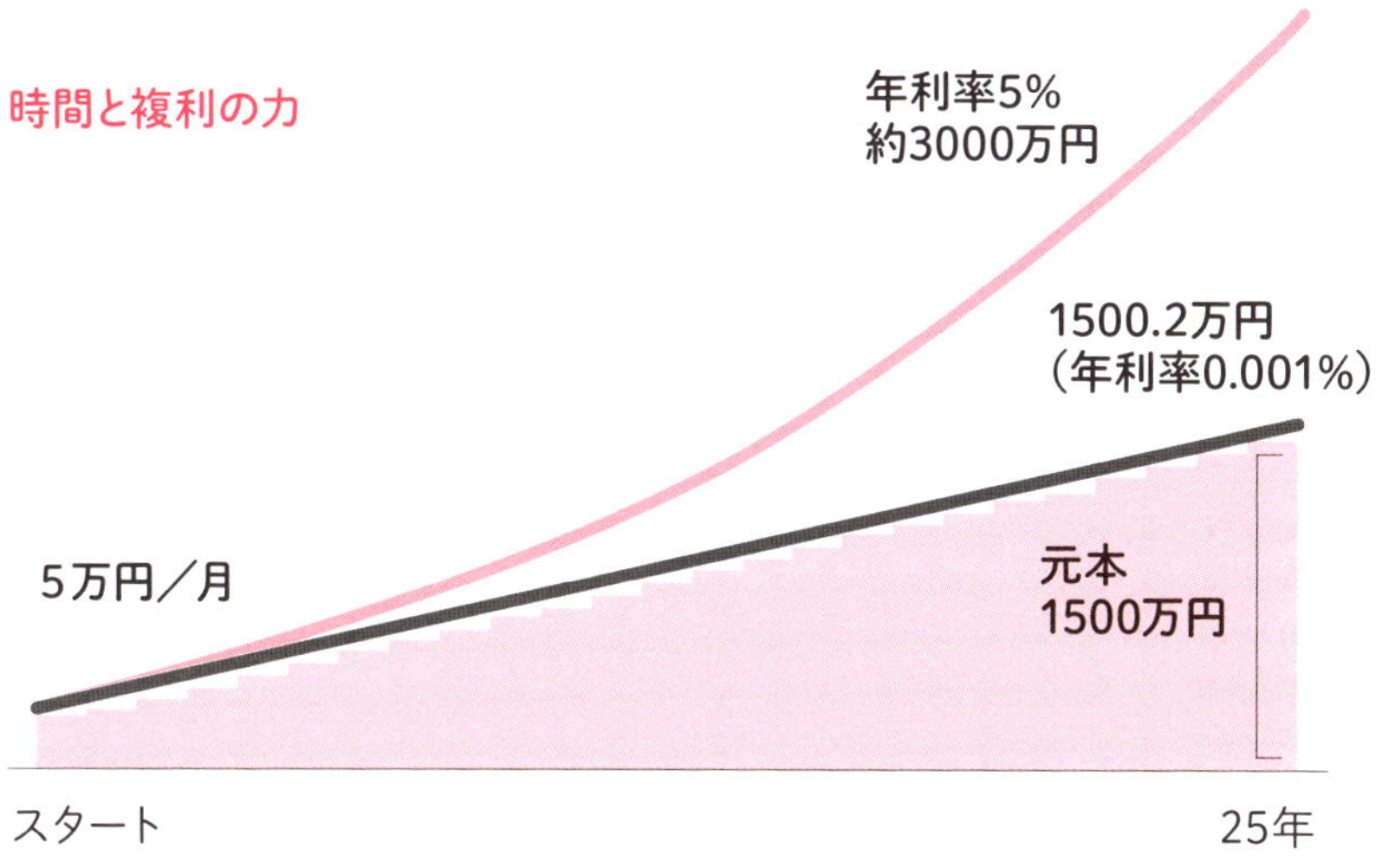

30歳の方が毎月5万円ずつを積立投資し、25年続けると元本は1500万円になります。図の曲線を見ていただければお分かりかと思いますが、金利が高いと、時間をかけるだけ曲線の上昇率は高くなります。

これが「長期」と「金利」が生み出すメリットです。

25年間の平均年利が５％だとしたら約3000万円となります。

仮に金利が現在の銀行金利0.001％だった場合、25年後に受け取る金額は15,001,869円、0.2%だった場合は約1538万円となります。

投資することは大切ですね。もちろん勉強は必須です。

円とドルの違いから見えてくる、「世界」と「自分」のつながり

本章では、世界のさまざまなお金から、円とドルの価値のこと、為替相場のことなどをざっとお話ししましたが、そういったお金の話を通して、〝世界とつながっている自分〟という存在を、子どもたちに気づいてほしいと思います。

いま身につけているもの、食べているものは、外国で作られたものがたくさんあります。目には見えにくい「物」や「お金」の循環を想像したり、俯瞰《ふかん》する目が養われると、けっして、ひとりよがりな考え方をしなくなります。自分も大きな世界の〝大切な一部分〟だと感じられるからです。そういう子どもたちは、

「自分のことを大事にしよう」

「学校へ行けるってすごいこと」

「もっといろんな世界を見てみたい」

そんなふうに考えられる子どもに成長していきます。

自分も、日本という国も、大きな世界に支えられている――。お父さん、お母さんにも、お金を使った子どもとの遊びを通して、そういった感覚をぜひ身につけてほしいと私は思います。

子どもたちには、会いたい人やなりたいもの、行ってみたい場所、食べてみたいもの、見てみたいこと、夢や希望がたくさんあるはずです。

「ドイツに行って、日本人サッカー選手の活躍を見たい！」
「おいしいピザを食べにイタリアに行ってみたい！」
「オーストラリアでコアラを抱っこしたい！」

行きたいと思った国には自分の力できっといつか行けますし、夢は不可能ではないんです。

日本に暮らしながら、親子でいろいろな国に目を向けてみてください。暮らしの中には、いろいろな世界があふれているんです。

日本のこれからを生きる子どもたちには、自分の夢を大きく大きく広げて、それを実現する力を養っていってほしいと思います。

Column

満足できる金額は、いくらなのか？
～アラブの買い物の話

チュニジアに旅行した知人の話です。

土産物店で、ちょっと変わった置物に、すごい金額をふっかけられたそうです。アラブ圏ではよくあることだと聞いてはいたものの、初めての体験でした。

でも、思いきって価格交渉に入ったら、どんどん値段が下がるんです。これはちょっと面白いなと思って、そのうさん臭い商人と、「いくらでどうだ？」「いや、ダメだ」みたいなやりとりを続けました。

すると、ある程度のところで、もう下がらなくなりました。負けじとさらに食い下がったところ、「上の人間を連れてくるから待て」と言われて、新しく出てきた人に、さらに粘り強く交渉を続けました。

最後の最後で、ボスとおぼしき人が出てきて、ちょっとだけ値段が下がったときに「あ、もう、この金額でいいや」と妙に納得がいく不思議な瞬間が、ふっとおとずれたのだそうです。

小さな置物を１つ買うのに、２時間くらいは費やしたでしょうか。「ああ、この２時間楽しませてもらった」、そんなふうに思えたら、その金額にも納得がいったと話していました。

実際にその置物がいくらの価値があったのかは、もうどうでもよくなったんですね。アラブの商人とのやりとりと、交渉にかけた時間、そのすべてに対して支払いをするような感覚でした。

三浦家の姉妹の話（104ページ参照）同様に、お金の価値の向けどころはさまざまだと感じました。

第5章

子どもの未来を豊かにする「子どもライフプランと将来の夢」

アリとキリギリス

未来計画と幸せな人生

ある日の昆虫サロンにて

アリとキリギリス
20年後、30年後
充実した幸せな未来があるのは
どっち？
親子で考えてみよう！

親発信で「大人のいいところ」をどんどん伝えよう

お子さんにふだん、自分の仕事の話をしていますか？

もし「……いや、あんまり」「どうせ言ってもわからないから……」なんて思っていたとしたら、もったいない話です。

講座でたくさんの子どもたちに会いますが、

「大人って夢がない」

「つまらなそう」

と言う子がわりといます。

その理由が、

「お父さんお母さんは、忙しい、大変だ、ばかり言う」

なんです。この発言、ちょっとドキッとしませんか？

忙しいは、「忄（こころへん：りっしんべん）」に「亡」と書きます。文字通り、「心をなくす」ということ。「忙しい、忙しい」を無意識に連発していたら、それが子どもにもマインドコントロールのように伝わってしまいます。仕事に家事に忙しいのは私も2人の娘の父親ですからよくわかるのですが、そのせいで子どもが大人に冷めた視線を投げかけるようになってしまったら、残念ですよね。

ですから、私はできるだけ「忙しい」とは言わず、

「うわあ、今日はとんでもなく頑張《がんば》っちゃったなあ！」

「やれやれ……でもまあ、何とかなりそうなんだよ！」

などと、意識して言い換えるようにしています。（大げさな表現もアリですよ。言霊《ことだま》の力、侮《あなど》れません！）

あるいは、

「大人ってすごくいいよ。自分で稼いだお金で好きなお菓子いくらでも買えちゃうんだから！」

「考えてみてよ。大人になったら宿題ナシだよ？」

「夜ふかししても、誰にも怒られないんだよ、いいでしょ？」

なんて具合に「大人って、いいもんだ」ということを冗談めかして言ったりもしています。

未来ある子どもたちには、大人に憧れをもってもらいたい――そのためには、大人が少し言動を変えるだけで、子どもの未来のイメージも変わるんです。

「会社員」という夢も悪くない

「子どもに『将来何になりたい？』と尋ねたら、『会社員』とひとこと。……何だかガッカリしてしまいました」

こんなふうに肩を落として話したお母さんがいました。

理由を尋ねてみると、

「だって、子どもにはもっと、楽しく、自由に、自分の夢を語ってほしいじゃないですか。それが『会社員』だなんて……現実的すぎて、子どもらしくないですよね？」

私は、いいと思ったんですけどね！

世の中の多くの人は、どこかの会社に属して働いています。22ページで、世の中には2万8000種類の仕事があると言いました。そして、「労働力調査（基本集計）平成31年（2019）3月分（速報）」によると、就業者数6687万人、雇用者5948万人で割合に直すと2019年現在で、働く人口に占める会社員の割合はなんと89％にもなるんです。

働く人の約9割が「会社員」なんです！

このデータを見る限り、この子の夢は確かに現実的ですが、だからといってつまらないわけじゃないですよね！

大人の一方的な解釈やモノサシで、子どもの夢にネガティブなレッテルを貼らないようにしたいものです。「子どもの夢をいっさい否定しない」というのも親が子どもにしてあげられる大事な関わり方だと思います。

子どもを黙って見守るのも、
親の役目のひとつです！

子どもは大人のことをよく見ている

先の「会社員が夢！」と言った子どもの話には続きがあります。

よくよくお母さんから話を聞いてみると、その子のお父さんは典型的な仕事人間で、いつも忙しくお仕事をされていたそうです。

忙しくはあるものの、仕事が本当に好きなので、いつも仕事の話を子どもの前でしていたそうです。

「今はお父さん、こういうことをしていて……」

「夏までには、◎◎に行って、こんなプロジェクトを進めるんだ」

「大変なことがたくさんあるんだけど、たとえばうまく乗りきるには……」

いいことも悪いこともたくさんありますが、淡々と、仕事の話をするのが当たり前だったそう。そのお父さんは、決して、仕事の愚痴は言っていなかったんですね。

子どもの夢を聞いて最初はがっかりしていたお母さんでしたが、

「主人はいつも、イキイキと仕事の話をしていました。だから、『会社員って、いいな』って、ウチの子は思ったのかもしれません」

とお話しされていました。

私はこの話を聞いて、とても素敵だなあと思いました。

子どもは大人のこと、特に、お父さん、お母さんの働く姿、仕事への姿勢をよく見ています。どんな仕事も大変ですが、その大変さは、お子さんにちゃんと伝わっています。それが、自然と、子どもが抱く職業観や夢へとつながっていくんです。

お父さん、お母さんはそのことを、忘れないようにしてくださいね。

逆算のライフプランで未来を具体化してみよう

親子のワークショップで、私は「逆算のライフプラン作り」をよくご提案しています。子どもたちに、将来なりたいもの（仕事）を書いてもらい、それを実現するにはどういうやり方をしたらいいかを、考えてもらいます。

わが家の娘にもやってもらいました。長女は「助産師」という夢をもつようになりました。

助産師になるにはどうしたらいいでしょうか？

「助産師の資格がとれる◎◎大学に行く」

←

「◎◎大学に行くには、▲▲高校に行って、これくらいの成績をとる」

←

「▲▲高校に入るには、中学でこれくらいの成績が必要」

←

「じゃあ、小学校では何を勉強するか」

……といった具合です。

それと併《あわ》せて、学校の勉強だけをすればいいのか？

夢の実現のために他に何かできることはないのか？

なども考えてもらい、プランを作りました。

大人はいっさい、口を挟みません。これが鉄則です。

間違ってもＯＫ。間違えたら修正すればいいだけのことですから。

大人のビジネスでも、売上達成するためには、今何をすべきか、プランを作成しますよね？　それと同じです。プランがあるからこそ、実際に産科を見学するとか、助産師さんに話を聞きに行くとか……そういった行動にも結びつくわけです。実際に同じ夢を叶えて、イキイキと働く大人に出会えたら、よけいに憧れが増したりもしますよね。

夢をもっていたほうが、あきらめない子になります。夢があることで、今自分がどんなステージにいるか、何をすればいいかがイメージできるので、強くなれるんです。

ワークH

家族の未来年表を作ってみよう

7年後	8年後	9年後	10年後	11年後	12年後	13年後	14年後	15年後

将来の夢・なりたい職業は？

自分の目標・やりたいこと

小学生	中学生	高校生	そのあと

15年後、お父さん、お母さんは何歳かな？

この先 家族の名前	1年後 (　　)年	2年後	3年後	4年後	5年後	6年後
歳						
歳						
歳						
歳						
歳						

大切なイベントの日

月　日　　　　月　日

月　日　　　　月　日

月　日　　　　月　日

月　日　　　　月　日

月　日　　　　月　日

借金が〝マジックアワー〟をもたらす!?

子育て世代の方々にとって一番身近な「借金」といえば、住宅ローンですね。

借金は、もちろんしないほうがいいに決まっています。

ただ、家を購入するという目的においては、私は、いつ払い終えるかしっかり計画を立てたうえでローンを組むことは、むしろすすめています。

家が欲しい理由はさまざまですが、一番は、「家族の幸せのため」ですよね。

払い終えていない間は、自分のものではありませんが、その家に住み続けることによって、思い出が貯蓄されていきます。

対面キッチンで料理するお母さんの前で宿題をする。

家の中や庭を子どもたちが走り回る。

壁一面に絵や工作を貼る。

アップライトのピアノを置く。

お友だちを招いて子どもの誕生会を開く。

クリスマスツリーを飾る。

柱に背くらべのキズをつける。

……こういった日常生活の積み重ねに憧れを抱いて、みなさん、家が欲しくなるんです。

子どもが成人してから、キャッシュで家を購入したとしても、そこには子どもの思い出はありませんよね？　30年、35年という長い年月をかけて返していく住宅ローンには、いつかお金にかえられないものを家族にもたらしてくれる不思議な機能があるのだと思います。たとえて言うなら、それは、日没後の最も美しい時間を際立《きわだ》たせてくれるような、マジックアワーのようなものでしょうか。ですから、必ずしも悪いものではないというのが私の考えです。

今は超低金利の時代ですから、「借金」ではなく「調達」と言い換えてみてはどうでしょうか。もちろん、返済時期を見据えて、信用のおける金融機関から正しく借りる、というところが大前提です。

実際の生活費はこれだけかかっている！

将来のことを考えると、自然と、「今をどう生きるか」「今をどう暮らすか」と考える視点が生まれます。

子どもにそういう視点が芽生えてきたら、今暮らすのにどれだけのお金がかかっているかを親子で一緒に考える絶好のチャンスです。

【暮らしに欠かせない出費】（例）

①税金

②年金や健康保険料

③生活費（家賃や住宅ローン、光熱費、水道代など）

④教育費（学校や習い事の費用など）

あくまで一例ではありますが、だいたいひと月に、「水道・ガス・電気代が２万円」、

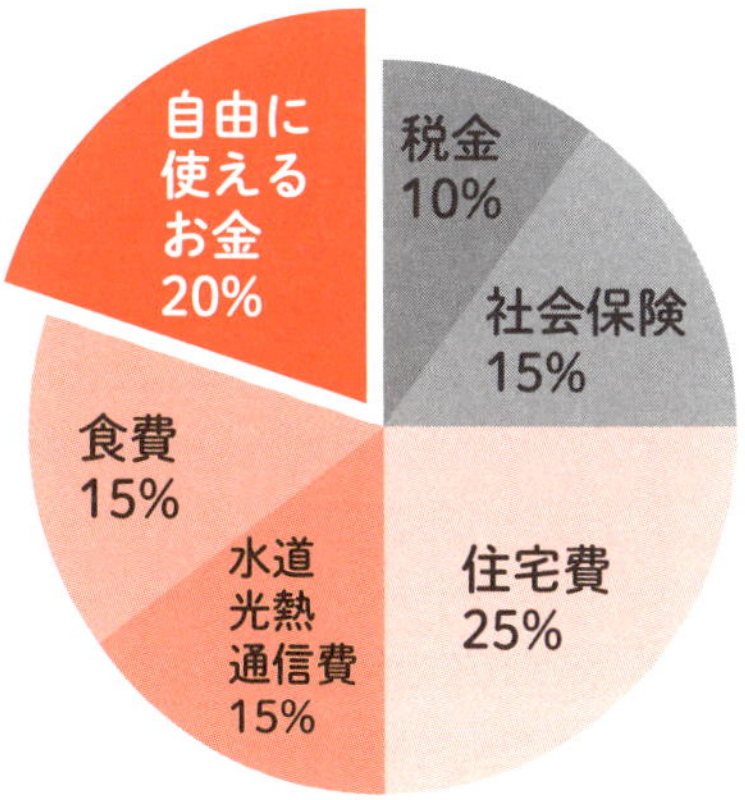

お給料は全部、自由に使えるわけじゃない

←たとえば…の割合

自由に使えるお金って、かなり少ないんだね。どうやって使うか、しっかり考えてプランを練るのが大事だね。

「家賃や住宅ローンが5万5000～10万円」、「文房具・習い事・休日のおでかけなどが2万8000円」、「税金や社会保険が4万5900円」（年収400万円程の場合の概算）、これくらいのお金がかかるとされています。「暮らしにかかるお金」を給料から引いて手元に残るお金が、「自由に使えるお金」です。

仮にお給料が20万円だとして、「自由になるお金」は、いくらになるでしょうか？　お子さんとぜひ、計算してみてください。

お給料は、全部を自由に使えるわけじゃないんですね。

これらのことも、ふだんの会話を通して、子どもに少しずつ伝えていきましょう。

小学生くらいになると、「うちは貧乏なの？　お金持ちなの？」と尋ねるお子さんがいます。マネー講座の参加者からも、そういう質問をされて答えに窮《きゅう》した……と苦笑する親御さんのお話を聞くことがあります。

何をもって貧乏か、お金持ちか？　1億円持っていても「（資産が）

減らないか不安でいっぱい」という人もいます。一方で、「1000万円もあれば安心」と考える人もいます。

お金をどう捉えるかは、育ってきた環境や親の価値観の影響が大きいです。

だからこそ、他の家や世間体《せけんてい》との比較ではなく、「各家庭の判断で、お金のルールを決めることが大切」なのだと思います。「Aちゃんのウチはおこづかいが月1000円。でも我が家はお手伝いをやった分だけ払う報酬制。それがわが家のルールだよ」と。一度決めたら自信をもって、ブレないことですね。そのためには、まず夫婦間で、お金のルール、おこづかいのルールについて、じっくり話し合うことが大事だと思います。

そして、現代の子育て世代にとって無視できないのが「教育費」です。三大支出のひとつ「教育費」は、とても関心が高いものです。

では、質問です！　小学校1〜6年生の間にかかる教育費は、次のどれだと思いますか？

A：193万円

B：125万円

C：85万円

正解は、「A：193万円」です（文部科学省平成28年度「子供の学習費調査」より）。公立小学校の場合で、子ども一人あたり年間約32万円×6年間分です。これは、公立小学校の学校教育費、給食費、学校外活動費（塾や習い事など）を合わせたものですが、回転寿司の1皿100円のお寿司に換算すると、6年間で19300皿分！　すごい数ですね。ちなみに、私立小学校の場合では年間約152万円です。

さて、ちょっと経済的なお話になりますが、お子さんに「税金って何？」「年金って何？」「健康保険料って払わないといけないの？」などと聞かれて、すぐに答えられますか？

「税金」とは、私たちみんなで国に払って、社会を支えるためのお金です。そのお金で、学校を建てたり、教科書を買ったり、ゴミの回収や処理をしたり、新しい研究や開発に使ったり、警察官や先生、消防士など公務員のお給料を払ったりします。つまり、その国に住む人の安全を守ったり、生活に役立てたりして、助け合うために使うものです。

「年金」や「健康保険料」は、日本に住んでいる大人たちが、国の貯金箱に入れているお金です。年をとって働けなくなったり、けがや病気で病院にかかったり、お父さんやお母さんにもしものことがあったときには、この貯金箱からお金が使われます。

「暮らしにかかるお金」を知ることの意義

「家計のことをあけすけに子どもに教えるのはちょっと……」とためらいがあるお父さん、お母さんもいることでしょう。

でも、自分の家の暮らしの現実を知ることは、決して悪いことでも悪影響でもないと私は思います。

むしろ、

「えー、こんなに食事にお金がかかるの！」

「稼いだお金の半分くらいは、生活のために使っているんだ！」

ということを知れば、今までに以上にごはんを大事に食べるようになるかもしれません。あるいは、日用品を大事に使うようになるかもしれません。

もう少し節約できないかな？　と、エアコンのつけっぱなしを気にするようになるかもしれません。

水道の蛇口をていねいに閉めるようになるかもしれません。

Q 暑い夏を、楽しく節約する方法は？

- 涼しいところに移動する（公共の施設、冷たいタイルの上）
- 涼しげな音を聞く（風鈴を飾る、ネイチャー系の音楽をかける）
- 打ち水をする
- 体を冷やすものをとる（キュウリやトマトなどの夏野菜、麦茶などの飲み物）
- 省エネタイプの家電にする
- 扇風機を回す
- うちわであおぐ

自分の家族に合った節約のアイデアを考えてみよう！

たとえば、蛇口の閉め忘れによる漏水《ろうすい》1・5日分で100円、100wの電球を2日間つけっぱなしにしても100円かかると言われています。

「生活する」とは「お金がかかる」ということ。それを知るのは、生きていくうえでとても大事なことです。

節約した分のお金で、遊びや旅行の計画を立ててもいいですね。お金は貯めるだけではなく、上手に使うことに意味があります。わが家のお金の現実を知ったうえで、みんなが楽しく暮らすためのアイデアを出し合えたらいいと思います。

数百円、数千円くらいの失敗なら、子どもにどんどん経験させよう！

投資の視点が大事だと110ページで触れましたが、日本人は「投資」を学び、実践する経験が乏しいため、「怖い」「やらないほうがいい」と回避しがちです。

キッズ・マネー・スクールのスタッフの話ですが、彼女が銀行員だったとき、上司に勧められてインドの株を50万円で購入しました。ただ、インド経済が悪くなったときに価格が20万円くらいまで落ち込んで、それに比例するように、「なけなしのお金が……」と、彼女の気持ちも大暴落《だいぼうらく》。臭いものにフタをするように、しばらくはその株を放っておいたそうです。数年後、何かの折りに確認してみたら、購入したときと同じくらいの金額に戻っていて驚いたと言います。

投資の長期的視点の大切さを、まさに痛みを伴った経験として味わったせいか、投資への恐怖感や偏見《へんけん》がすうっと消えていったそうです。

経験が教えてくれることって、まさにこういう感覚なのですね。

今時の親御さんは、子育てに失敗は許されないと身構《みがま》えている人が多いです。

Q うまい話につい乗ってしまって失敗したり、
お金でだまされない大人になるために
どうすべきなのでしょうか？

A 「リスクとリターンは同じ量」ということを知ることです。
ノーリスク、ハイリターン、これは危険です。
ローリスク、ハイリターン、これも危険です。
どんなことも「ハイリスク、ハイリターン。ローリスク、ローリターン。」です。
すべて表裏一体ということを大人になるまでに学んでほしいと思います。
あとはお金の流通経路をしっかりと理解すること、
流通の流れがわかっていればだまされることはありません。

でも、数百円、数千円の失敗なら、子どもにはどんどんさせるべきです。私はそう思います。

たとえば、子ども同士でお金の貸し借りをしてトラブルが起こったとします。お金には魔力がありますから、貸したのに返してもらえない、借りたのに返さないなんてことになれば、人間関係まで壊れます。大人になってそれをしたら、信頼や友人を失うこともあるんです。

でも子どものうちなら、親が間に入っていさめたり謝ったりすることで終了！ となるんですね。もちろん、なぜいけないのかはしっかり教えないといけませんが、お金の怖さを学ぶチャンスにもなるわけです。その経験があれば、大人になってからもっと大きな額の失敗や人間関係のトラブルを回避《かいひ》できるようになります。

子どもにはどんどん「失敗」させましょう。子どもの頃の失敗は取り返しがつきます。それこそが、子どもを成長させるんです。

人生を3段階で考えてみよう

今は人生100年時代と言われています。平均寿命も80歳以上……とても長いですね。毎日のことで手いっぱいだとなかなか先のことまでイメージできませんが、すごくおおまかに3ステップくらいでライフステージをつかんでみるといいと思います。

ステップ1　0~20歳の「学びの時代」
お父さん、お母さんがお金を払ってくれます。働く時代を有意義に過ごすためにもお金のこと、社会のことをたくさん学んでほしい時代。

ステップ2　21~60歳の「働く時代」
自分で働いてお金を手に入れます。稼ぐだけでなく、投資などでお金を殖やすことも考える時代。

ステップ３　60歳以上の「楽しむ時代」

貯金や年金で暮らします。

働く時代は約40年間もあるんですね！　だとしたら、自分が本当にやりたいと思うこと、熱中できる仕事を見つけられたほうがいいです。そのためには、準備が必要になります。

準備を少しでも早く始めたほうが、目標にもたどり着きやすくなります。

著名人たちの中にも、子どもの頃に「オリンピックで金メダルをとる」「大リーグで活躍する」というような夢を描いた人たちがたくさんいます。これがまさに「未来年表」です。

将来、何があるかわからない。だからこそ、イメージが大事

思い描いた通りの人生を歩むのは、なかなか難しいことかもしれません。

でも、目標設定をすることは、とても大事ですね。「考える」というプロセスにこそ、意味があるんです。

目標がある子とない子では、勉強の仕方や暮らし方にも差が出ます。憧れや目指すものが違うので、それは自然なことでしょうね。

親が自分の子に「未来年表」を書かせてもいいのですが、どうしても、個人的な感情をもちすぎてしまうので、家族以外の誰かに見てもらって書かせるのがいいでしょう。

「未来年表」を作成したら、毎日眺《なが》めてください。

毎日眺《なが》めて意識に刷り込ませたり、友だちに話しているうちに、目標が達成できてしまうこともあります。それが、目標達成への近道です。

目標設定は、「自己成就《じょうじゅ》予言」とも言えますね。こうなるのではないかという予言が、

人を無意識のうちに予言に適合した行動に向かわせ、結果として、予言された状況を現実にしてしまうんです。

自分の夢を公言《こうげん》するのは勇気がいるかもしれませんが、ぜひ思いきって言ってみてください。

家族や友だちにも宣言してください。

言った回数だけ、「未来年表」を見た回数だけ、可能性も高まります。

「有言実行」とは、まさにこのことです。

Column

将来の夢は弁護士と決めて、テストで満点をとった男の子

キッズ・マネー・スクールの講座に参加してくれた男の子。

「子どもライフプラン」を作成してから、「弁護士になりたい！」という夢ができました。それまでは、漫然と学校に行き、勉強は、「ぼくより成績良くない友だちいるし」って感じであまり意欲もなく、運動もそんなに頑張るほうではなかったようです。でも、「弁護士」という目標ができたら、そこから逆算して何をしたらいいか考えるようになりました。

「弁護士になるには司法試験に受からないと……そのためには法律の勉強ができる大学に行って……法学部のある大学なら県内ならここ、県外ならあそこ……」というように。

そもそも弁護士を夢に挙げた理由が「お金持ちになって、お父さんお母さんを幸せにしたい」だったのです。

その理由を聞いて、「お金持ちになることだけがお父さんお母さんが喜ぶことなのかな？」という質問をしたところ、そこから再び考えを深めていき、最終的には「困ってる人たちを助けて笑顔になってもらい、そんな仕事をしてることでお父さんお母さんに喜んでもらい、お金持ちにもなる」になりました。

最初の動機は何でも良いのです。そこから導いてあげればいいだけです。

でも何より私をすごく感激させたのは、この子の意欲と行動力でした。

テストでいい点数をとったとき、また、学期終了後には、必ず私に成績を報告に来てくれました。「満点５枚とったよ！」「◎◎の成績、上がったよ！」と。

将来の夢が、彼の「今」を変えたんです。

夢や目標の力に、改めて、目が覚めるような想いになりました。

おわりに

お金の話、いかがだったでしょうか。

最終章の冒頭で、アリとキリギリスは「今は人生100年時代」と侃々諤々《かんかんがくがく》話していましたね。

確かに人生100年時代。私たちの親の時代とは、価値観も働き方も、生き方も、かなり違ってきています。平成時代の終盤には、未曾有《みぞう》の災害、東日本大震災があり、それ以後人々の意識にも変化が現れています。家や車をはじめとする「モノ」を所有することの意義、家族と過ごす時間の意義、未来は大事だけどそれ以上に「今」も大事にしたいという気持ちに、改めて人々が向き合うようになってきたのではないでしょうか。

アリとキリギリスの生き方はちょっぴり対照的です。でも、今日1日を大事に生きるという根本的なところは、2匹とも同じなんですね。

アリのようにきっちりとライフプランを立て、そのプランにそってコツコツと毎日を積み重ねていく堅実な生き方は、いつの時代でも、しごくまっとうと言えるでしょう。

一方で、キリギリス的な生き方も、〝アリ〟なわけです。この本でも折に触れて言ってきましたが、お金は貯めるだけがいいのではなくて、人生を楽しむため、もっと幸せになるために使うものです。キリギリスのように、自分が今大事にしたいこと、楽しみたいことに「ポン！」とお金を使うのは、決して無駄遣いではないし、それはそれでいいと思うのです。

どちらも正解なんです。

絶対的な正解はないけれど、アリ的生き方を選択するにせよ、キリギリス的生き方を選択するにせよ、プランを立てることは大事ですね。「自分はこういう生き方をしたい」と当面の筋道を立てることで、「今」の暮らし方が、くっきりと輪郭《りんかく》を帯びて、イキイキとしてくるのですから。

『イソップ物語』の世界観では、キリギリスが最後に痛い目に遭う……というのが定番のオチですが、価値観も生き方も多様化する現代の流れを鑑《かんが》みて、私はあえて、どちらの生き方にも「イエス！」と言いたいと思います（でも、ライフプランを立てることは、忘れずにね！）。

読者の皆さんには、ライフプランを立てることで、人生のいい側面にもっと注目してもらいたいと思います。子どもが将来の夢を作文に書くように、大人が夢を書いてもいいんです。そして、ライフプランを通して、自分たちの生き方に合ったお金との上手な付き合い方を考えてみてほしいのです。

お金に関して少しでも納得できないことがあったらうやむやにせず、とことんお金と向き合ってください。自分なりに家計やお金の流れを見直して、どうしたらお金の不安が解決するかを考えてほしいと思います。

自分たちではどうにもならないときは、プロに相談してください。そのために、私たちが存在するんです。いつでも頼りにしてください。


悩んだり、不安があるのは、今日という日を一生懸命に生きている証《あかし》です。

幸せと安心は、悩みや不安と表裏一体。

もしもネガティブな面が表側にきたら、その都度、家族で力を合わせて裏返していけばいいんですよ！　〝生きる力〟が本領を発揮するのは、まさにそういうときです。

それが、生きていくことだと思います。

脳は正しいことよりも楽しいことに反応します。

日々の生活、子どもとの関わり方、夫婦の関係、職場関係、楽しいことをぜひ探してください。

私たちが楽しい生活を送っていたら、きっと子どもたちに伝わります。

大人への憧れを私たち大人がもたせましょう！


最後に、この本の執筆にあたり協力してくれた、大阪の草野麻里さん、堀久志さん、裏野由美子さん、モリツグ兄さん、川田俊介さん、岐阜の高田秀輔さん、高田三佳さん、東山崎鮎美さん、山口の岡野翔さん、仙台の高田敏博さん、つくばの石塚安代さん、愛知の鳥海翔さん、名古屋の岩本貴久さん、鹿児島の町田貴之さん、滋賀の内山義之さん、愛媛の佐川啓子さん、大分の藤原祐子さん、篠崎美保さん、太田伸子さんに感謝したいと思います。皆さんの協力なくして、この本はありませんでした。

「子どもたちに貢献する」「親たちに貢献する」という私たちの想いに共感してくれる仲間たちのおかげです。本当にありがとうございます。

私たちは全国約２５０名の講師たちと、これからの日本を担う子どもたちに、金融に関わるような場所で仕事をしている私たちの使命として、ほんの少しでも社会に貢献できるよう努力し続けます。

令和元年　新しい時代の幕開けに

生きる力にあふれた子どもたちの成長を願って　三浦康司

子どもに聞かれて即答できる！用語集

「これって、何？」と
子どもが疑問に思ったこと、
ひと言で答えられたらうれしいですよね。

税金
直接税と間接税があります。

国や住んでいる市区町村などに支払うのが直接税。収入に応じて払う「所得税」や、会社が利益に対して払う「法人税」などがあります。

消費税や入湯税などは間接税です。お店などを通して、間接的に国や市区町村に支払われます。

税金は道路を作ったり、学校を新しくしたり、義務教育の教科書にも使われ、暮らしやすい国や街を作るために必要なお金です。

関税
外国から持ちこんだり、外国へ持っていたりする品物には基本的に税金がかかります。この税金を関税といいます。

旅行から持ち帰るお土産なども、品物とその量によって税金が課せられる場合もあります。

年金
これまで一生懸命に仕事をしてきた高齢者の方が仕事をしなくても生活できるように、働く現役世代が出し合って渡すお金。生活を国民みんなで支えようという考えのもとに作られた制度。

銀行
預けたお金を殖やしてくれたり、お金を貸したりできるところ。会社からのお給料を受け取ったり、遠く離れた人にお金を送ったりすることもできる。

日本銀行
ふつうの個人がお金を預けることはできません。役割は3つ。
1　銀行の銀行として、お金を預かったり貸したりする
2　お札の発行をする
3　国に対する銀行として、集めた税金の管理をする

単利
元本だけに利息がつくこと。

複利
元本と利息に対して利息がつくこと。

キャッシュレス（キャッシュレス決済）
紙幣や硬貨ではなく、クレジットカードやプリペイドカードによって支払う方法。

キャッシュカード
銀行のATMを使って、自分の預金口座からお金を引き出すことができるカード。最近はコンビニやスーパーのATMでも使えるようになり、日本中で便利にお金を引き出すことができる。

貯金
「お金を貯めること」もしくは「貯めたお金のこと」。

預金
「お金を貯める」ということ。預金と貯金の違いは、
・預金＝銀行、信用金庫、信用組合、労働金庫などに預けたお金のこと。
・貯金＝ゆうちょ銀行、JAバンクなどに預けたお金のこと。

国債
国が発行する債券のこと。国が国民から借りて、利子をつけて返します。国は、そのお金を使ってみんなの暮らしを支えています。

利息
お金を貸し借りしたときの「お礼のお金」のこと。

お金を貸した側が、元本に追加して受け取るお金のこと。

お金を借りた側が、元本に追加して支払うお金のこと。

「利子」も基本的に違いはなく、多くの場合、受け取るお金は利子、支払う場合のお金は利息と呼ばれることが多い。銀行預金では利息、ゆうちょ銀行では利子、法律用語として利息。税法では「利子所得」「利子税」のように「利子」が使われる。

利率
預けたお金に対して毎年受け取れる利子・利息の割合のこと。1年間100万円を預け、1年後受け取れる利息が1万円であれば利率は1%（税金は考慮していません）。

金利
お金を借りる側が、借りたお金に追加して支払う金額の割合のこと。

電子マネー
買い物をするときに、現金を使わず支払いができる便利なお金。SuicaやICOCAなど交通系ICカードも電子マネーです。

ローン
お金を借りること。

イデコ
「個人型確定拠出年金」の愛称。年を取ったときのお金を自分で作るためのおトクな制度のこと。60歳になるまで毎月決まった金額のお金を出して、そのお金で投資信託や定期預金、保険などの金融商品を選んで運用する。60歳を過ぎたら運用したお金を受け取ることができる。

株(株式)
株(株式)は会社がお金を集めるときに発行するもの。会社の価値とも言えます。会社の応援をしたい人と、もう応援をしないという人が売ったり買ったりできます。

株式会社
株式を発行して、みんなからお金を集めて活動する会社。

給料
働いた対価としてもらうお金のこと

倒産
会社がお金を使いつくして会社の経営、運営ができなくなってつぶれてしまうこと。

破産
財産を全部失うこと。法律では借金をした人が返せない場合、貸した人たちがその人の一切の財産から公平な弁済を受けることができるようにする裁判上の手続き。

クレジットカード
現金をもっていなくても、お店で物が変えるカード。使った分を後で払います。誰でも持てるものではなく、信用できる人ではないと持てない。

リボルビング払い
クレジットカードで支払う方法の1つ。買い物代金を1回ではなく、毎月一定の金額を支払う方法。手数料がかかるため注意が必要。

デビットカード
ショッピングやレストランで食事をしたときの支払いに使えるカード。クレジットカードとは違って預金口座からすぐに引き落としされるのが特徴。

プリペイドカード
前払い式のカードのこと。使い切りではなく入金(チャージ)することで残額がゼロになるまで繰り返し使える。クレジットカードと違い、あらかじめ入れてあるお金しか使えない。

税理士
税に関する専門家。税務の代理、納税書類の作成、税務相談などの仕事を行う職業の人。

公認会計士
監査、会計の専門家。

ファイナンシャル・プランナー
人生の夢や目標を叶えるために総合的なお金の計画を立て、経済的な側面から実現に導く方法を「ファイナンシャル・プランニング」といいます。ファイナンシャル・プランニングには、家計に関わる金融、税制、不動産、住宅ローン、保険、教育資金、年金制度など幅広い知識が必要。これらの知識を備え、相談者の夢や目標が叶うように一緒に考え、サポートする専門家が、FP（ファイナンシャル・プランナー）。

景気
自分の会社だけのことではなく、世の中の商売がうまくいっているかどうか。「経済活動全般の動向」のこと。国や社会のなかで、お金がどのくらい動いしてるかを示すもの。
①好景気…国全体の商売がうまくいっている状態のこと。お金がたくさん動いているとき。
②不景気… 国全体の商売が難しくなっている状態のこと。みんながお金を使わないような状態のとき。

ふるさと納税
税金を払っている人が自分で選んだ市町村などに寄付すると税金が差し引きされる制度。寄付したところによってはお礼の品をもらえることも！

家賃
家や部屋を借りるときにかかるお金。

エンゲル係数
生活するお金の中で占める食費の割合のこと。

クーリングオフ
一度は契約してしまったものの、やっぱり止めたいと思ったとき、一定の期間であれば契約を解除できる制度のこと。

奨学金
勉強がしたい人のために貸してくれたり、援助してくれるお金のこと。つまり、お金が足りなくても勉強したい人を応援してくれる制度です。返さなくてもいい奨学金もありますが、大半は働いた際、返さなければいけないため、借りる際はきちんと考えて借りることが大切です。

キッズ・マネー・スクールを受講した方々からの声

全国の講師たちの元に寄せられた親子の体験談をご紹介します。

お金を学ぶことで起きた変化はさまざまですが、子どもの未来への第一歩ではないかと思います。


子どもが今まで500円玉だったおこづかいを、100円玉で５枚ちょうだい！と言うようになりました。「100円をありがとう貯金したいから」だそうです。

（奈良・８歳男の子の保護者N.Tさん：講師　岡より）


世界のお金を勉強してから、図書館でお金の本を借りてきたり、テレビで１ドルの為替レートをチェックして、カレンダーに毎日書くようになりました。

スーパーの買い物でも、どこの国の食材か興味を持ったり……

大きな視点でいろんなものに興味を持つようになりました。

（大阪・10歳男の子の保護者S.Yさん：講師　草野麻里より）


私たちは子どもの興味があることに関して、次々に知育系のおもちゃを買い与え、気づけばモノが増え、子ども自身もモノに対してのありがたみがなく、これをどうにかしなければと、参加しました。お金、モノの価値についてなど、今後どう接したらいいのか考える指標になりました。

（東京・５歳女の子の保護者Y.Fさん：講師　つるより）


おこづかいは、お手伝いでのポイント制と親子で決めました。これまで散らかし放題だった娘が、リビングの片づけや、食後にお皿を台所まで持っていくなどを率先して行うようになりました。なぜか学校の宿題や予習も自分から取り組むようになりました。

（三重・７歳女の子の保護者E.Mさん：講師　野崎陽平より）

小学４年生の女の子です。親子で考え、始めた『金銭出納帳』。おこづかい制ではなく給料制です。食器洗いやお風呂掃除など、決められた仕事をやることで１週間300円の給料。物を買ったらレシートを貼って管理。貯金は毎週100円。仕事でミスが多発したら給料カットですが、努力によってはボーナスも。自分で働いて、自分がもらった給料を、自分で管理する。お金の大切さがわかるようになり、無駄遣いも減り、賢く使えるようになりました。

（熊本・９歳女の子の保護者T.Nさん：講師　池田恵より）


弟は笑顔いっぱいで楽しめたけど、お兄ちゃんは終始つまらなそうにしかめっ面のまま。

ところが帰宅後、お兄ちゃんが、「お店屋さんは頑張らないと売れないんだよ」「うさぎさんはちょっと惜しかった」と。あんなにつまらなそうにしてたのに……と驚く私に、「お母さんも毎日働いてくれてありがとう」と言ってくれて涙が止まりませんでした。

（静岡・９歳と６歳男の子の保護者M.Gさん：講師　相場隆典より）


（お金がなくなるから）ダメ！」と言うと、「じゃあATMに行こうよ!!」と言っていた５歳の女の子。お金はATMから"いつでも好きなだけもらえる"と思っていたそうです。

スクール終了後のある日、銀行のATMの前で、３歳の弟に自慢げに「あのね、うちのお金にも限りがあるんだよ！」と教えていて、周りにいたおばさんたちにクスクス笑われた……とお母さんが話していました。

（東京・５歳女の子と３歳男の子の保護者K.Nさん：講師　濵嵜虹之介より）


将来の夢がまだなかった我が子。パン屋さんを体験したのですが、次はおもちゃ屋さんがしたい！　その次はお菓子屋さん！　といろいろな仕事に興味を持ち出しました。

「次はもっとお金をふやす！」と挑戦しようとする姿勢が、親としても嬉しいです。

電子マネーのコンテンツを受けた息子から「お母さんクレジットカードの使いすぎには注意だよ」と言われました。

（大分・７歳男の子の保護者E.Mさん：講師　篠崎美保より）

参考文献

『12 歳までにかならず教えたいお金のこと』（たけやきみこ 著、かんき出版）
『それはエコまちがい？』（石田秀輝・田路和幸 監修、物部朋子 絵、プレスアート）
『世界のお金事典』（平井美帆・著、佐藤英人・協力、汐文社）
『コインと紙幣の事典　知のビジュアル百科』（ジョー・クリブ 著、あすなろ書房）
『なるほど！　お金のはなし』
（マーティン・ジェンキンス 著、きたむらさとし 絵、吉井一美 訳、ＢＬ出版）
『ドラえもん社会ワールド―お金のひみつ―』
（藤子・F・不二雄・まんが、藤子プロ　日本公認会計士協会東京会・
監修、小学館　ドラえもんルーム・編、小学館）

●**知るぽると　金融広報中央委員会**
https://www.shiruporuto.jp/public/
「住まい」「老後」「万一への備え」など、暮らしにまつわるお金のさまざまな情報が得られます。金融教育やおこづかいの渡し方など、子どものためのお金の情報も役立ちます。

●**厚生労働省編職業分類表**
https://www.mhlw.go.jp/index.html

●**外務省　欧州連合（EU）概況**
https://www.mofa.go.jp/mofaj/area/eu/data.html

●**文部科学省　平成２８年度子供の学習費調査**
http://www.mext.go.jp/b_menu/toukei/chousa03/gakushuuhi/kekka/k_detail/__icsFiles/afieldfile/2017/12/22/1399308_1.pdf

●**家計調査報告勤労者世帯 2018 年平均 P9**
http://www.stat.go.jp/data/kakei/sokuhou/tsuki/pdf/fies_mr-q.pdf#page=16

●**住宅金融支援機構　2017 年度フラット 35 利用者調査**
https://www.jhf.go.jp/files/400346708.pdf

●**全国賃貸管理ビジネス協会　全国家賃動向 2019 年 3 月動向**
https://www.pbn.jp/yachin/date/2019/03/

●**教育費家計調査報告勤労者世帯 2018 年平均 P10**
https://www.stat.go.jp/data/kakei/sokuhou/tsuki/pdf/fies_mr-y.pdf#page=17

●**労働力調査（基本集計）平成 31 年（2019）3 月分（速報）**
http://www.stat.go.jp/data/roudou/sokuhou/tsuki/pdf/201903.pdf

●**三菱 UFJ 銀行　外国為替相場一覧表**
https://www.bk.mufg.jp/gdocs/kinri/list_j/kinri/kawase.html

5
$
100
¥
50

著者紹介

三浦　康司

大分県別府市在住。（一社）日本こどもの生き抜く力育成協会代表理事。キッズ・マネー・スクール代表。ごえん保育園園長。おうちの買い方相談室代表。

わが子向けに実践していた金銭教育などが口コミで好評を博し、2014年から開催しているキッズ・マナー・スクールは、リピーター不可にもかかわらず、毎回満員御礼の人気講座。現在では、認定講師をはじめとする全国の仲間たちと「日本の子どもたちの生き抜く力の育成に貢献する」活動に力を注いでいる。

本書は、子どもの将来を左右する「お金」について、特に幼少期から小学校高学年くらいまでに身につけて欲しい大事なことをまとめた1冊である。

キッズ・マネー・スクール　公式HP
https://kids-money.com

10歳《さい》までに身《み》につけたい
子《こ》どもが一生困《いっしょうこま》らない　お金《かね》のルール

2019年 7月1日　第1刷
2022年 2月5日　第3刷

著　　者　三《み》　浦《うら》　康《こう》　司《じ》

発 行 者　小澤源太郎

責任編集　株式会社 プライム涌光

電話　編集部　03(3203)2850

発行所　株式会社 青春出版社

東京都新宿区若松町12番1号〒162-0056
振替番号　00190-7-98602
電話　営業部　03(3207)1916

印刷　大日本印刷　　製本　大口製本

万一、落丁、乱丁がありました節は、お取りかえします。
ISBN978-4-413-11294-9　C0037
© Koji Miura 2019 Printed in Japan

本書の内容の一部あるいは全部を無断で複写（コピー）することは著作権法上認められている場合を除き、禁じられています。

青春出版社の「10歳までに身につけたい」シリーズ!

子どものうちに知っておけば、大人になっても恥をかかない

10歳までに身につけたい

一生困らない子どものマナー

この小さな習慣が、思いやりの心を育てます

西出ひろ子
川道映里

ISBN978-4-413-11258-1　1380円

お願い ページわりの関係からここでは一部の既刊本しか掲載してありません。折り込みの出版案内もご参考にご覧ください。

※上記は本体価格です。(消費税が別途加算されます)
※書名コード(ISBN)は、書店へのご注文にご利用ください。書店にない場合、電話またはFax(書名・冊数・氏名・住所・電話番号を明記)でもご注文いただけます(代金引換宅急便)。商品到着時に定価+手数料をお支払いください。〔直販係　電話03-3203-5121　Fax03-3207-0982〕
※青春出版社のホームページでも、オンラインで書籍をお買い求めいただけます。ぜひご利用ください。〔http://www.seishun.co.jp/〕